Diccionario Bilingüe Ilustrado 3

REDACCIÓN:
María Gabriela de Esguerra
Gloria Cecilia Díaz
María Cristina de Dixon

ILUSTRACIÓN:
Eliecer Camargo
Juan Jacobo Wiesner
Juan Gabriel Caycedo

DIAGRAMACIÓN Y MONTAJE:
Miguel Angel Bautista

SUBDIRECCIÓN PEDAGÓGICA:
Ernesto Franco Rugeles

DIRECCIÓN ARTÍSTICA:
Benhur Sánchez Suárez

DIRECCIÓN GENERAL:
María Candelaria de Perry

National Textbook Company
a division of *NTC Publishing Group* • Lincolnwood, Illinois USA

Nota para padres y maestros

Los tres volúmenes del *Diccionario Bilingüe Ilustrado* fueron diseñados para suplir una creciente necesidad de materiales bilingües en español e inglés para niños en países de habla inglesa. Tanto los padres como los maestros entienden el valor y la utilidad de dar aliento al bilingüismo español-inglés a tierna edad. Existe hoy un apercio general de los beneficios procedientes de contacto a tierna edad con dos culturas, las cuales se encuentran estrechamente ligadas por la historia y la geografía.

Los volúmenes de esta serie se arreglaron en orden de dificultad de lenguaje. En el *Diccionario Bilingüe 1*, sustantivos seleccionados por su pertinencia a la experiencia del niño, y también de uso común, fueron agrupados a base de tópicos. Se incluyeron temas como la familia, el hogar, el cuerpo, las profesiones, los animales. Se catalogaron palabras, en español y en inglés, con vividos dibujos polícromos, con el propósito de ilustrar el significado de palabras.

El Diccionario Bilingüe 2 suministra a los niños el primer contacto con un vocabulario arreglado en orden alfabético—un factor esencial en el desarrollo de destreza en el uso de libros de referencia. El vocabulario incluido contiene verbos, adjetivos, adverbios y pronombres, además de los sustantivos. Todos estos términos se relacionan aún a la experiencia inmediata de la niñez—la escuela, el juego, el hogar, los amigos, etc. El Volumen 2 ilustra el significado de palabras por medio de dibujos polícromos y, también, con oraciones ejemplares en español y en inglés. Estas oraciones demuestran el uso de palabras en contextos diarios para los niños. Finalmente, las nociones de *sinónima y antónima* se introducen en dos apéndices al final del libro. Ambos son conceptos claves en el proceso de enriquecer el vocabulario.

El Diccionario Bilingüe 3 ofrece un vocabulario ampliamente ensanchado, el cual se apoya menos en dibujos que en definiciones y oraciones ejemplares en español, con el propósito de clarificar el significado de palabras. Como es el caso en diccionarios más avanzados, la pronunciación fonética, los componentes del lenguaje y los significados múltiples se indican en cada concepto. Un apéndice suministra modelos para la conjugación de verbos regulares en la lengua hispana, incluyendo el presente, el pretérito simple y el futuro, así como también 18 verbos irregulares en esos mismos tiempos.

Ya sean usados individualmente, o en series, los *Diccionarios Bilingües 1, 2 y 3* son una fuente ideal para el enriquecimiento del vocabulario del niño en un segundo idioma, para ensanchar su conocimiento de una segunda cultura y para cultivar su destreza en el uso de libros de referencia, los cuales son de importancia clave en el desarrollo educativo. El atrayente diseño polícromo de los libros, garantiza que los niños los abrirán para el simple gozo de ellos. Y nada estímula el aprendizaje de lenguas más eficazmente que el gozo en el estudio.

1995 Printing

This edition first published in 1987 by National Textbook Company, a division of NTC Publishing Group, 4255 West Touhy Avenue, Lincolnwood (Chicago), Illinois 60646-1975 U.S.A.

©Copyright 1978 by Voluntad Editores Ltda. y Cía. S. C. A.

Printed in Hong Kong.

4 5 6 7 8 9 WKT 9 8 7 6 5 4

To Parents and Teachers

The three volumes of the *Diccionario Bilingüe Ilustrado* are designed to fill a growing need for Spanish-English bilingual materials for children in English-speaking countries. Parents and teachers have understood the value and practicality of encouraging Spanish-English bilingualism at a young age. The benefits of early contact with two cultures, closely linked in history and geography, are now generally appreciated.

The volumes in this series are arranged in order of language difficulty. In *Diccionario Bilingüe 1*, commonly used nouns are grouped by topics, which have been selected for their relevance to a child's experience. Included are such areas as the family, the home, the body, professions, and animals. Words are listed in both Spanish and English, along with lively full-color pictures to illustrate the meanings of words.

Diccionario Bilingüe 2 provides children with their first contact with a lexicon arranged according to *alphabetical* order—an essential factor in the development of reference-book skills. Vocabulary featured goes beyond nouns to include verbs, adjectives, adverbs, and pronouns. All terms still relate to immediate childhood experience—school, play, the home, friends, etc. Volume 2 illustrates the meaning of words both by full-color drawings *and* example sentences in Spanish and English. These sentences show children the ways in which words are used in an everyday context. Finally, two appendixes at the back of the book introduce the notions of *synonym* and *antonym*—crucial concepts in the process of vocabulary enrichment.

Diccionario Bilingüe 3 offers a widely expanded word list that relies less on pictures than on actual verbal definitions and Spanish example sentences to clarify the meanings of words. Just as in dictionaries of a more advanced level, phonetic pronunciation, parts of speech, and multiple meanings are indicated within an entry. At the back of the dictionary, an appendix provides models for the conjugation of regular Spanish verbs in the present, simple past, and future, as well as the conjugation in those same tenses of 18 common irregular verbs. This appendix is an important tool for promoting a child's basic communicative skills.

Used individually or as a series, the *Diccionarios Bilingües 1, 2, and 3* are an ideal resource for enriching a child's vocabulary in a second language, for expanding his or her awareness of a second culture, and for sharpening reference-book skills, which are crucial to educational development. The colorful, attractive format of the dictionaries also assures that children will pick them up for pure enjoyment. And nothing motivates language learning more effectively than enjoyment.

Nota para los niños

Llevas ya algún tiempo estudiando español, pero sabes acaso cómo nació la lengua española? No sucedió de un momento a otro, ni siquiera en un solo lugar. Algunas de las palabras españolas que se usan en España, en América Latina y en los Estados Unidos fueron usadas, en primer lugar, por los antiguos griegos. Otras de ellas proceden de idiomas hablados alrededor del mundo: incluyendo el árabe, el inglés, el francés y el chino. Sin embargo, el español procede esencialmente de una combinación de latín (la lengua de los antiguos romanos) y de idiomas que se hablaron hace dos mil años en la península ibérica—el área donde hoy día encontramos España y Portugal.

Al final de los 1400 y a principios de los 1500, hombres y mujeres de España comenzaron a llegar al Nuevo Mundo (América del Norte y Sur). Empezaron a enseñar el español a los aborígenes casi inmediatamente. Es así como el español se esparció por toda Sud América (con excepción del Brazil), por América Central y por el Sudoeste de los Estados Unidos. Hoy día, una persona de habla hispana, ya sea procedente de Tejas o de Argentina, puede comunicarse con una persona de habla hispana procedente de España, a pesar de que existen diferencias menores en el leguaje que hablan.

Como usar este diccionario

Las palabras españolas en este diccionario están arregladas en orden alfabético, para facilitar que las encuentres. Puedes encontrar la pronunciación de cada palabra inmediatamente después de su presentación. Por ejemplo, **pedazo** se pronuncia (pe-dá-so), y **zancudo** se pronuncia (san-kú-do). El guión separa las sílabas, o unidades de sonido, de cada palabra. Una marca de acentuación sobre una vocal significa que debieras darle más tiempo que a las otras vocales.

Además de pronunciación, este diccionario te dice si una palabra es un sustantivo, un adjetivo, un verbo, un adverbio o una conjunción. También te dice cuales sustantivos y adjetivos son masculinos y cuales femeninos.

Algunas palabras van acompañadas de un dibujo, para ayudarte a entender su significado más claramente.

Ahora, veamos la palabra **fiesta** para demostrarte la facilidad con que se puede usar este diccionario. **Fiesta** comienza con la letra f; por tanto, encuentra la sección donde están catalogadas las palabras que comienzan con *f*. Toma nota de que la primera y la última palabra en cada página figuran encima de la página. Guíate por estas palabras para encontrar el lugar donde figura la palabra **fiesta**. Nota que la palabra **fiesta** lleva una *i* después de la *f*. Por tanto, tiene que aparecer antes de palabras que comienzan con *fo*. Al fin de tu búsqueda, encontrarás la palabra **fiesta** en página 38.

A seguir, encontrarás la pronunciación de **fiesta** dividida en sílabas: (fi-és-ta). El acento en la e te dice que tomes más tiempo en decir esa vocal que en decir la *i* o la *a*.

El diccionario prosigue a explicar que **fiesta** es un sustantivo, y que su género es femenino (indicado por una *f*.). Ya tu sabes que las palabras masculinas en español llevan el artículo **el,** mientras que los sustantivos femeninos llevan el artículo **la.**

En seguida, una frase en español te explica lo que la palabra **fiesta** significa. Verás el significado de la misma palabra, en inglés, en un color distinto: **fiesta:** *Holiday, feast.* Finalmente, encontrarás una oración de ejemplo que te enseñará cómo usar la palabra **fiesta** en español.

Todo verbo en este diccionario se presenta en cuatro formas distintas: el infinitivo, el futuro, el pasado y el presente. Por ejemplo,

bajar	*(infinitivo)*
bajaré	*(futuro)*
bajé	*(pasado)*
bajo	*(presente)*

Futuro, pasado y *presente* indican los tiempos del verbo.

Este diccionario tiene una sección separada para enseñarte los verbos. En esa sección aprenderás como usar las formas correctas de verbos cuyos infinitivos terminan en *-ar, -er* e *-ir* (primera, segunda y tercera conjugación). También aprenderás las formas de verbos así llamados *irregulares*. Estos son verbos que no se rigen por las formas generales de *-ar, -er, -ir*. Hay veces en que un verbo irregular lleva una forma muy distinta de un tiempo a otro. Por ejemplo, el verbo **ir** en la primera persona *(yo)* es **yo voy** en el tiempo presente, **yo fui** en el tiempo pasado y **yo iré** en el tiempo futuro.

Estamos seguros que te gustará usar este diccionario y que te ayudará a conversar, leer y escribir mejor.

To the Children

You have been studying Spanish for some time now, but do you know how the Spanish language was born? It did not happen all at once or even in one place. Just as with English, some of the Spanish words used in Spain, Latin America, and the United States were first used by the ancient Greeks. Others came from languages around the world, including Arabic, English, French, and Chinese. Basically, however, Spanish is a combination of Latin (the language of the ancient Romans) and languages that were spoken almost 2,000 years ago on the Iberian Peninsula—the area where we find Spain and Portugal today.

In the late 1400s and early 1500s, men and women from Spain began arriving in the New World (North and South America). Almost immediately, they started teaching Spanish to the people who lived there. In this way, Spanish spread over South America (except for Brazil), Central America, and the Southwestern United States. Today, a Spanish-speaker from Texas or Argentina can communicate with a Spanish-speaker from Spain, even though there may be slight differences in the way they speak.

How to Use This Dictionary

The Spanish words in this dictionary are arranged in alphabetical order to make them easy for you to find. After each word listed, you can see how the word is pronounced. For example, **pedazo** is pronounced (pe-dá-so), and **zancudo** is pronounced (san-kú-do). The hyphens indicate the *syllables,* or sound divisions, of a word. An accent mark over a vowel tells you that you should take more time saying it than the other vowels in the word.

Besides pronunciation, this dictionary tells you whether a word is a noun, an adjective, a verb, an adverb, or conjunction. It also tells you which nouns (and adjectives) are masculine and which are feminine.

Some words have a picture next to them to help you understand their meaning more clearly.

Now, let's look up the word **fiesta** to show you how easy it is to use this dictionary. **Fiesta** begins with the letter *f;* so find the section where words beginning with *f* are listed. On each page, you will see that the first and last word on the page are listed at the top. Let these words help guide you to where **fiesta** appears. You will notice that **fiesta** has an *i* after the *f*; so, it has to come before words that begin with *fo*. After looking, you will see that **fiesta** appears on page 38.

Next, you will find the pronunciation of **fiesta,** divided into three syllables: (fi-és-ta). The accent on the e tells you to take more time saying that vowel than saying the *i* or *a*.

The dictionary then explains that **fiesta** is a noun and that it is feminine (indicated by *f.*). You already know that masculine words in Spanish take the article **el,** while feminine nouns take the article **la.**

After that, a Spanish phrase explains to you what **fiesta** means. In a different color, you will see the English meaning of **fiesta:** *Holiday, feast.* Finally, you will find an example sentence that shows you how to use the word **fiesta** in Spanish.

Every verb in this dictionary is given in four different forms: the infinitive form, the future, the past, and the present. For example,

bajar	*(infinitivo)*
bajaré	*(futuro)*
bajé	*(pasado)*
bajo	*(presente)*

Futuro, pasado, and *presente* indicate the tense of the verb.

This dictionary has a separate section to teach you about verbs. In this section, you will learn the right forms to use with verbs whose infinitives end in *-ar, -er,* and *-ir* (first, second, and third conjugations). You will also learn the forms of so-called *irregular verbs.* These are verbs that do *not* follow the regular patterns of *-ar, -er,* and *-ir* verbs. At times, an irregular verb may look very different from one tense to another. For example, the verb **ir** in the first person (*I*-form) is **yo voy** (*I am going*) in the present tense; **yo fui** (*I went*) in the past tense, and **yo iré** (*I will go*) in the future tense.

We are sure that you will enjoy using this dictionary and that it will help you to speak, read, and write better.

Aa

a. (á) *preposición.*
1. Indica dirección.
To.
Voy **a** México.
2. Lugar o tiempo en que sucede alguna cosa.
At.
Vengo **a** la 1:00 p.m.
3. Determina intervalo de lugar o tiempo que hay entre una cosa y otra.
To.
De 11 **a** 12 del día.

abajo. (a-bá-jo) *adverbio.*
Hacia lugar o parte inferior.
Posición de lo que está más bajo respecto a lo que está arriba.
Down, below, underneath.
Estoy en la parte de **abajo** de la casa.

acá. (a-ká) *adverbio.*
Indica que alguna cosa está cerca.
En este lugar.
Here.
Mi lápiz está por **acá**.

acabar. (a-ka-bár) *verbo.*
Dar fin a una cosa. Terminar.
To end.
Voy a **acabar** mi tarea.

acabaré. (a-ka-ba-ré) *futuro verbo acabar.*
Yo **acabaré** mañana mi tarea.

acabé. (a-ka-bé) *pasado verbo acabar.*
Yo **acabé** ayer mi tarea.

acabo. (a-ká-bo) *presente verbo acabar.*
Yo **acabo** mi tarea ya.

accidente. (ak-si-dén-te) *sustantivo m.*
Algo inesperado que causa daño a personas o cosas.
Accident.
En el **accidente** hubo muchos heridos.

aceite. (a-séi-te) *sustantivo m.*
Líquido grasoso que se usa para cocinar y lubricar.
Oil.
Debes poner **aceite** en la sartén para freír las papas.
El nivel de **aceite** del coche está bajo.

acelerar. (a-se-le-rár) *verbo.*
Aumentar la velocidad.
To accelerate.
Tuve que **acelerar** para no chocar.

aceleraré. (a-se-le-ra-ré) *futuro verbo acelerar.*
Yo **aceleraré** para llegar pronto.

aceleré. (a-se-le-ré) *pasado verbo acelerar.*
Yo **aceleré** ayer hasta 80 km por hora.

acelero. (a-se-lé-ro) *presente verbo acelerar.*
Yo **acelero** cuando es prudente.

acompañar. (a-kom-pa-ñár) *verbo.*
Estar o ir en compañía de otro.
To accompany, to go with.
Debo **acompañar** a mi hermano que está solo.

acompañaré. (a-kom-pa-ña-ré) *futuro verbo acompañar.*
Yo **acompañaré** a mi mamá al mercado mañana.

acompañé. (a-kom-pa-ñé) *pasado verbo acompañar.*
Ayer yo **acompañé** a mi mamá al mercado.

acompaño. (a-kom-pá-ño) *presente verbo acompañar.*
Yo **acompaño** a mi amigo.

acostar. (a-kos-tár) *verbo.*
Poner a alguien para que descanse o duerma en la cama.
To lay down, to put to bed, to go to bed.
Debo **acostar** al bebé a las 8 de la noche.

acostaré. (a-kos-ta-ré) *futuro verbo acostar.*
Yo **acostaré** al bebé a las 8.

acosté. (a-kos-té) *pasado verbo acostar.*
Ayer yo **acosté** al bebé a las 8.

actor. (ak-tór) *sustantivo m.*
Hombre que representa un papel en el teatro o en el cine.
Actor, performer.
Mi hermano quiere ser **actor**.

adelante. (a-de-lán-te) *adverbio.*
　Más allá.
　Ahead, further on, in front of.
　El río está **adelante.**

además. (a-de-más) *adverbio.*
　Indica lo que se agrega a lo que ya está.
　Besides.
　Tengo un lápiz negro **además** del rojo.

aéreo, (ea). (a-é-re-o (ea)).
　De aire.
　Airy, by air.
　El transporte **aéreo** es muy rápido.

Africa. (á-fri-ka) *sustantivo m.*
　Continente situado al sur de Europa.
　Africa.
　En **Africa** hay muchas ciudades.

aguacate. (a-gua-cá-te) *sustantivo m.*
　Fruto grande y verde que tiene forma de
　pera.
　Avocado.
　Comimos fríjoles con **aguacate.**

ahora. (a-ó-ra) *adverbio.*
　A esta hora. En este momento.
　Now.
　Ahora estoy viajando por Europa.

ahorrar. (a-o-rrár) *verbo.*
　Guardar dinero para gastar más tarde.
　To save.
　Tengo que **ahorrar** cien pesos para comprar
　una bicicleta.

ahorraré. (a-o-rra-ré) *futuro verbo ahorrar.*
　Yo **ahorraré** este dinero para mañana.

ahorré. (a-o-rré) *pasado verbo ahorrar.*
　Yo **ahorré** dinero para comprar este juguete.

ahorro. (a-ó-rro) *1. presente verbo ahorrar.*
　Yo **ahorro** dinero en mi alcancía.
　2. sustantivo m.
　Lo que se ahorra.
　Savings.
　El **ahorro** es necesario.

ajeno, (na). (a-je-no) na)). *adjetivo.*
　Algo que pertenece a otro.
　Belonging to another, some one else's.
　Este libro no es mío, es **ajeno.**

ají. (a-ji) *sustantivo m.*
　Clase de pimiento muy picante.
　Chili pepper. Chile
　Me gustan las comidas con **ají.**

alambre. (a-lám-bre) *sustantivo m.*
　Hilo de cualquier metal.
　Wire.
　Necesitamos **alambre** para la lámpara.

alargar. (a-lar-gár) *verbo.*
Dar más longitud a una cosa.
Hacer una cosa más larga. Estirar.
To expand, to extend, to lengthen.
Debes **alargar** esa cuerda.

alargaré. (a-lar-ga-ré) *futuro verbo alargar.*
Yo **alargaré** esta línea.

alargué. (a-lar-gé) *pasado verbo alargar.*
Yo **alargué** mi tarea.

alargo. (a-lár-go) *presente verbo alargar.*
Yo **alargo** esta cuerda.

alimento. (a-li-mén-to) *sustantivo m.*
Comida y bebida que debemos consumir
para poder vivir.
Food.
Tomamos nuestro **alimento** a las 8 a.m.

allí. (a-llí) *adverbio.*
En aquel lugar. A aquel lugar.
There.
Voy **allí**. Mi libro está **allí**.

amanecer. (a-ma-ne-sér) *sustantivo m.*
Momento del día en que sale el Sol.
Sunrise.
Me levanto al **amanecer**.

ancla. (án-kla) *sustantivo f.*
Objeto pesado que, amarrado a una cuerda,
se tira en el agua para que los barcos no se
vayan.
Anchor.
El marinero arroja el **ancla** al mar.

andar. (an-dár) *verbo.*
Caminar. Ir de un lugar a otro.
To walk.
Hay que **andar** muchas cuadras para ir al
colegio.

andaré. (an-da-ré) *futuro verbo andar.*
Yo **andaré** un kilómetro.

ando. (án-do) *presente verbo andar.*
Yo **ando** el mismo camino todos los días.

anduve. (an-dú-be) *pasado verbo andar.*
Yo **anduve** tres cuadras ayer.

apagar. (a-pa-gár) *verbo.*
Extinguir el fuego o la luz.
To put out (fire or light), to switch off
Voy a dormir, debo **apagar** la luz.

apagaré. (a-pa-ga-ré) *futuro verbo apagar.*
Yo **apagaré** la luz de la cocina.

apagué. (a-pa-ge) *pasado verbo apagar.*
Yo **apagué** la luz a las 8 de la noche.

apago. (a-pá-go) *presente verbo apagar.*
Yo **apago** la luz.

araña. (a-ra-ña) *sustantivo f.*
Insecto pequeño con ocho patas y el cuerpo
dividido en dos partes.
Spider.
Veo una **araña** negra.

arriba. (a-rrí-ba) *adverbio.*
En lo alto - hacia lo alto.
Up, upstairs, above.
Voy hacia arriba.

arte. (ár-te) *sustantivo f.*
Creación de algo bello especialmente en
pintura y escultura.
Actividad para crear cosas bellas.
Art.
Ella es la profesora de **arte.**

asno. (as-no) *sustantivo m.*
Burro.
Donkey.
El **asno** está en el campo.

autor. (a-u-tór) *sustantivo m.*
Persona que escribe un libro o poema.
Author.
El es el **autor** de este libro.

ave. (á-be) *sustantivo f.*
Animal cubierto de plumas con dos alas.
Pájaro.
Bird.
El **ave** está en el corral.

ayer. (a-yér) *adverbio.*
El día anterior a hoy.
Yesterday.
Hoy es lunes; **ayer** fue domingo.

azteca. (as-té-ka) *sustantivo m.*
Hombre que vivió en el lugar donde hoy es
México. Tribu indígena de Centroamérica.
Aztec.
Este indio es un **azteca.**

B b

bache. (bá-che) *sustantivo m.*
Hueco que se hace en el suelo por el paso de los carros.
Hole, pot hole.
Ten cuidado, hay un **bache** en el suelo.

bahía. (ba-i-a) *sustantivo f.*
Entrada de mar en la costa.
Bay.
El barco está en la **bahía.**

bajar. (ba-jár) *verbo.*
Ir desde un lugar alto a otro que está más bajo.
To go down, to lower. To take down.
Voy a **bajar** al salón.

bajaré. (ba-ja-ré) *futuro verbo bajar.*
Yo **bajaré** de la montaña.

bajé. (ba-jé) *pasado verbo bajar.*
Ayer **bajé** por la ventana.

bajo, (ja). (bá-jo (ja)) *1. adjetivo.*
De poca altura.
Short.
Este niño es más **bajo** que yo.
2. preposición.
Under
La bola está **bajo** la mesa.
3. presente verbo bajar.
Yo **bajo** la escalera.

balde. (bál-de) *sustantivo m.*
Cubo en que se lleva y trae agua.
Bucket.
Trae el **balde** lleno de agua.

baldío, (ía). (bal-dí-o (ía)) *adjetivo.*
Cuando la tierra no está sembrada.
Desocupado. Vacío.
Wasteland, vacant, empty.
Pasamos por un terreno **baldío**.

bastante. (bas-tán-te) *adverbio.*
Ni mucho, ni poco, ni más, ni menos de lo necesario.
Enough, sufficient.
Tengo **bastante** con esto.

berro. (bé-rro) *sustantivo m.*
Planta de pequeñas hojas verdes que se come con la ensalada.
Watercress.
La ensalada tiene tomates, zanahorias y **berros**.

beber. (be-bér) *verbo.*
Tomar un líquido.
To drink.
Tengo sed, voy a **beber** agua.

beberé. (be-be-ré) *futuro verbo beber.*
Beberé tres vasos de agua.

bebo. (bé-bo) *presente verbo beber.*
Bebo mi vaso de agua.

bello, (lla). (bé-llo)) *adjetivo.*
Que tiene belleza.
Beautiful.
Este paisaje es **bello**.

betún. (be-tún) *sustantivo m.*
Pasta que se usa para brillar los zapatos.
Shoe-polish.
Necesito **betún** y cepillo para brillar mis zapatos.

biblioteca. (bi-bli-o-té-ka) *sustantivo f.*
Lugar donde se guardan libros bien ordenados.
Library.
Este libro lo encontré en la **biblioteca**.

bien. (bi-én) *1. Sustantivo m.*
Aquello que es bueno.
Good.
Haz el **bien** y no mires a quién.
2. adverbio.
Que se hace perfecto. De buena manera.
Well.
Pedro lo hace todo **bien**.

bilingüe. (bi-lín-güe) *adjetivo.*
El que habla dos idiomas.
Bilingual.
Este niño habla inglés y español, es **bilingüe**.

bizcocho. (bis-kó-cho) *sustantivo m.*
Panecillo dulce que se hornea.
Tart, pastry.
Este **bizcocho** está delicioso.

blanco, (ca). (blán-ko (ka)) *adjetivo.*
Del color de la leche.
White.
Este vestido es **blanco**.

bocina. (bo-sí-na) *sustantivo f.*
Instrumento parecido a una trompeta que se
hace sonar en los carros.
Horn.
Toca la **bocina**.

bodega. (bo-dé-ga) *sustantivo f.*
Lugar donde se guardan cosas como alimen-
tos. Depósito. Almacén.
Warehouse.
En la **bodega** hay muchas botellas de vino.

boina. (bó-i-na) *sustantivo f.*
Gorra plana y redonda.
Beret.
Tengo mis guantes y mi **boina** para el frío.

boleto. (bo-lé-to) *sustantivo m.*
Tarjeta o papelito especial para poder entrar
en algún sitio.
Ticket.
Compramos el **boleto** para el cine.

bomba. (bóm-ba) *sustantivo f.*
Globo, burbuja, pompa.
Balloon, bomb, globe, bubble.
El vendedor tiene una **bomba** de colores en
el parque.

botánica. (bo-tá-ni-ka) *sustantivo f.*
Ciencia que estudia las plantas.
Botany.
Estudio **botánica** y matemática.

brasa. (brá-sa) *sustantivo f.*
Leña o carbón encendidos pero sin llamas.
Live coal, live charcoal.
Cuida de no quemarte con esa **brasa**.

bravo, (va). (brá-bo (ba)) *adjetivo.*
Valiente; (hablando de animales) feroz.
Brave, fierce, mad, annoyed, furious.
El perro está **bravo**.
Ese hombre es **bravo**.

bucle. (bú-kle) *sustantivo m.*
Rizo del pelo.
Curl.
Mi muñeca tiene un **bucle**.

bueno, (na) (bué-no (na)) *adjetivo.*
Que tiene bondad.
Util, agradable, que todavía sirve.
Good.
Ese hombre es muy **bueno**.

buey. (bué-i) *sustantivo m.*
Macho de la familia de los toros y vacas, entrenado para el trabajo.
Ox.
El **buey** es muy fuerte.

buitre. (buí-tre) *sustantivo m.*
Ave que tiene el cuello desnudo y se alimenta de carroña.
Vulture.
El **buitre** vuela muy alto.

buque. (bú-ke) *sustantivo m.*
Barco muy grande que se usa para largos viajes.
Ship, ocean liner.
Vamos en **buque** por el mar.

buscar. (bus-kár) *verbo.*
Tratar de encontrar algo.
To look for, to search.
Debo **buscar** mi cuaderno que se perdió.

buscaré. (bus-ka-ré) *futuro verbo buscar.*
Mañana **buscaré** mi cuaderno.

busco. (bús-ko) *presente verbo buscar.*
Yo **busco** mi cuaderno por acá.

busqué. (bus-ké) *pasado verbo buscar.*
Ayer **busqué** y encontré mi cuaderno.

butaca. (bu-tá-ka) *sustantivo f.*
Asiento. Silla de teatro.
Seat.
Me siento en la **butaca**.

buzón. (bu-són) *sustantivo m.*
Caja donde el cartero pone las cartas que van y vienen del correo.
Mail-box.
Pon estas cartas en el **buzón**.

Cc

cabalgar. (ka-bal-gár) *verbo.*
Montar a caballo.
To go horse-back riding.
Voy a **cabalgar.**

cabalgaré. (ka-bal-ga-ré) *futuro verbo cabalgar.*
Cabalgaré mañana.

cabalgo. (ka-bál-go) *presente verbo cabalgar.*
Cabalgo todos los días.

caber. (ka-bér) *verbo.*
Poner una cosa dentro de otra.
To fit, to go into.
Este libro debe **caber** en la caja.

cabré. (ka-bré) *futuro verbo caber.*
Cabré en ese lugar.

cacique. (ka-sí-ke) *sustantivo m.*
Jefe de un pueblo indio.
Indian chief.
El **cacique** habla a su pueblo.

cachorro. (ka-chó-rro) *sustantivo m.*
Cría pequeña de algunos animales.
Puppy.
Mi perra tiene un **cachorro.**

caimán. (ka-i-mán) *sustantivo m.*
Lagarto que vive en los ríos de América parecido al cocodrilo, pero más pequeño.
Alligator.
El **caimán** está en el río.

calzar. (kal-sár) *verbo.*
Ponerse los zapatos.
To put on shoes.
Me voy a **calzar.**

calzaré. (kal-sa-ré) *futuro verbo calzar.*
Me **calzaré** los zapatos.

calcé. (kal-sé) *pasado verbo calzar.*
Yo me **calcé** los zapatos.

calzo. (kál-so) *presente verbo calzar.*
Me **calzo** mis zapatos nuevos.

canoa. (ka-nóa) *sustantivo f.*
Medio pequeño de transporte fluvial.
Canoe.
Vamos en **canoa** por el río.

casi. (ká-si) *adverbio.*
Por poco, cerca de.
Almost, nearly.
Casi me caigo.

caza. (ká-sa) *sustantivo f.*
Buscar y seguir los animales para cogerlos y matarlos.
Chase, hunt.
La **caza** es un deporte.

cebada. (se-bá-da) *sustantivo f.*
Planta parecida al trigo con muchos granos que sirven para comer.
Barley.
¡Qué rica es la **cebada!**

ceja. (sé-ja) *sustantivo f.*
Parte curvilínea inferior de la frente y sobre la cuenca del ojo.
Eyebrow.
Ella tiene unas **cejas** muy bonitas.

cena. (sé-na) *sustantivo f.*
Comida que se toma por la noche.
Supper. Dinner.
La **cena** es a las 8 de la noche.

cerca. (sér-ka) *adverbio.*
A corta distancia, próxima o inmediatamente.
Near.
La escuela está **cerca** de mi casa.

césped. (sés-ped) *sustantivo m.*
　　Hierba que cubre el suelo.
　　Lawn, Grass
　　Vamos a sentarnos en el **césped**.

cesta. (sés-ta) *sustantivo f.*
　　Canasto que se hace tejiendo mimbre o paja.
　　En ella se cargan frutas y legumbres.
　　Basket.
　　En la **cesta** hay muchas frutas.

ciclón. (si-klón) *sustantivo m.*
　　Viento muy fuerte.
　　Hurricane, tornado, cyclone.
　　El **ciclón** acabó con la ciudad.

ciudad. (siu-dád) *sustantivo f.*
　　Pueblo grande e importante.
　　City.
　　En la **ciudad** hay muchos edificios.

clave. (klá-ve) *sustantivo f.*
　　Conjunto de señales que se usa para mandar
　　mensajes.
　　Code, clue.
　　¿Cuál es la **clave**?

coco. (kó-ko) *sustantivo m.*
　　Fruto de la palma, redondo y muy duro. Su
　　carne es blanca.
　　Coconut.
　　El **coco** es una fruta deliciosa.

coche. (ko-che) *sustantivo m.*
　　Automóvil, medio de transporte terrestre.
　　Car, coach, carriage.
　　Ese **coche** va muy rápido.

cohete. (ko-é-te) *sustantivo m.*
　　Nave en forma de cilindro que se mueve a
　　gran velocidad.
　　Rocket.
　　Vi un **cohete** en Cabo Kennedy.

colegio. (ko-lé-ji-o) *sustantivo m.*
　　Escuela.
　　School.
　　Vamos al **colegio** en bus.

colgar. (kol-gár) *verbo.*
　　Poner una cosa pendiente de otra, sin que
　　llegue al suelo.
　　To hang, to hang up.
　　Voy a **colgar** este cuadro en esta pared.

colgaré. (kol-ga-ré) *futuro verbo colgar.*
　　Colgaré este cuadro en esta pared.

colgué. (kol-gé) *pasado verbo colgar.*
　　Ayer **colgué** este cuadro en esta pared.

coser. (ko-sér) *verbo.*
Unir con hilo y aguja dos pedazos de tela.
To sew.
Voy a **coser** esta falda.

coseré. (ko-se-ré) *futuro verbo coser.*
Yo **coseré** este vestido mañana.

cosí. (ko-sí) *pasado verbo coser.*
Ayer yo **cosí** mi vestido.

coso. (kó-so) *presente verbo coser.*
Yo **coso** siempre mi ropa.

cuando. (ku-án-do) *1. conjunción.*
En el tiempo.
When.
Llegué **cuando** estaba de noche.
2. adverbio.
¿En qué tiempo?
¿**Cuándo** llegan los niños?

cuate. (kuá-te) *(mext)* *sustantivo m.*
Gemelo. Buen amigo.
Twin, friend, buddy.
El es mi **cuate.**

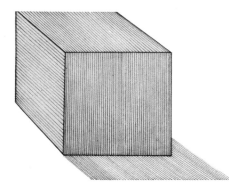

cubo. (kú-bo) *sustantivo m.*
Figura de seis lados cuadrados todos del mismo tamaño.
Cube.
El **cubo** tiene seis lados.

cuento. (ku-én-to) *sustantivo m.*
Historia, narración.
Tale, story.
Vamos a leer el **cuento** de Blanca Nieves.

cuelgo. (ku-él-go) *presente verbo colgar.*
Yo **cuelgo** el cuadro en la pared.

cupe. (kú-pe) *pasado verbo caber.*
No **cupe** en esa butaca.

curso. (kúr-so) *sustantivo m.*
Meses del año señalados para estudiar en la escuela.
Academic year, course, route.
El **curso** empieza en septiembre y termina en junio.

Ch ch

chacota. (cha-kó-ta) *sustantivo f.*
Alegría y risas con que se celebra algo.
Boisterousness.
Hicieron **chacota** en el salón.

cháchara. (chá-cha-ra) *sustantivo f.*
Conversación con muchas palabras inútiles.
Chatter.
Las señoras hacen ruido con su **cháchara.**

chalán. (cha-lán) *sustantivo m.*
Persona que maneja y doma caballos.

Horse dealer, horse-breaker.
El **chalán** monta bien a caballo.

chaleco. (cha-lé-ko) *sustantivo m.*
Camisa sin mangas, que se abotona adelante.
Vest.
Los vaqueros usan **chaleco.**

chamizo. (cha-mí-so) *sustantivo m.*
Arbol o leña medio quemada.
Half-burnt log.
En el jardín hay un **chamizo.**

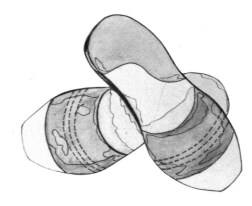

chancleta. (chan-klé-ta) *sustantivo f.*
Chinela, pantufla.
Slipper.
Uso una **chancleta** roja y otra azul.

chancho. (chán-cho) *sustantivo m.*
Cerdo, puerco.
Pig.
Hay un **chancho** en el corral.

chanza. (chán-za) *sustantivo f.*
Hacer chistes para que otros rían.
Joke, trick.
Yo hice una **chanza** y todos rieron.

chapa. (chá-pa) *sustantivo f.*
Cerradura de las puertas.
Lock of a door.
La **chapa** de esa puerta es muy segura.

chapulín. (cha-pu-lín) *sustantivo m.*
Saltamontes.
Grass hopper.
Ese **chapulín** es verde.

chaqueta. (cha-ké-ta) *sustantivo f.*
Abrigo corto y grueso.
Jacket.
Usa la **chaqueta**, hace frío.

charro. (chá-rro) *sustantivo m.*
Jinete mexicano que se viste con un traje lleno de adornos.
Mexican cowboy, rider.
El vestido del **charro** es bonito.

cheque. (ché-ke) *sustantivo m.*
Papel especial que con la firma de una persona sirve como dinero.
Check.
Mi mamá pagó la cuenta con un **cheque**.

chibcha. (chib-cha) *sustantivo m.*
Tribu indígena de Colombia.

Chibcha.
Los **chibchas** fueron agricultores.

chicha. (chí-cha) *sustantivo f.*
Bebida alcohólica preparada con maíz.
Chicha.
Los indios toman **chicha**.

Chile. (Chí-le) *sustantivo m.*
País de Suramérica.
Chile.
Chile es un bello país.

chipote. (chi-pó-te) *sustantivo m.*
Manotada. Golpe que se da con la mano.
Slap.
El dio un **chipote** contra la mesa.

chiste. (chís-te) *sustantivo m.*
Cuento gracioso.
Joke.
El contó un **chiste** muy gracioso.

choclo. (chó-klo) *sustantivo m.*
   Mazorca tierna de maíz.
   Corn.
   Yo como un **choclo**.

chorrear. (cho-rre-ár) *verbo.*
   Hacer caer líquido en forma de chorro.
   To spout, to spill, to drip.
   Voy a **chorrear** el agua.

chorrearé. (cho-rre-a-ré) *futuro verbo chorrear.*
   Chorrearé el agua.

chuleta. (chu-lé-ta) *sustantivo f.*
   Costilla con carne de ternera o de puerco.
   Chop.
   Me gusta comer **chuleta**.

chuzo. (chú-so) *sustantivo m.*
   Palo que tiene la punta muy aguda y peligrosa como un pincho.
   Pike.
   El clava el **chuzo** en el piso.

chorreé. (cho-rre-é) *pasado verbo chorrear.*
   Chorreé el agua.

chorreo. (cho-rré-o) *presente verbo chorrear.*
   Yo **chorreo** el agua.

Dd

dado. (dá-do) *sustantivo m.*
Ficha en forma de cubo que en las caras tiene señalados punticos que van de 1 a 6.
Die.
Jugamos al **dado**.

dama. (dá-ma) *sustantivo f.*
Mujer, señora.
Lady.
Este es el vestido de la **dama**.

danza. (dán-sa) *sustantivo f.*
Baile.
Dance.
Bailo una **danza**.

dar. (dár) *verbo.*
Entregar.
To give.
Debo **dar** este lápiz a la profesora.

daré. (da-ré) *futuro verbo* dar.
Yo **daré** el lápiz a la profesora mañana.

de. (dé) *preposición.*
1. Indica pertenencia.
Of.
Este libro es **de** mi padre.
2. De dónde son o de qué son las cosas.
Vengo **de** México.
From, made of.
Este collar es **de** oro.

debajo. (de-bá-jo) *preposición.*
Posición de lo que está en un lugar inferior respecto de un lugar superior.
Under, below.
El gato está **debajo** de la mesa.

decir. (de-sír) *verbo.*
Manifestar con palabras lo que se piensa.
To say, to tell.
Voy a **decir** la lección.

dentadura. (den-ta-dú-ra) *sustantivo f.*
Conjunto de todos los dientes.
Set of teeth, denture.
Ella tiene la **dentadura** muy bonita.

dentro. (dén-tro) *adverbio.*
Que está en la parte interior de un espacio.
Inside, within.
El corazón está **dentro** del pecho.

derretir. (de-rre-tír) *verbo.*
Hacer líquido una cosa por medio del calor.
To melt.
El Sol hace **derretir** la nieve.

derretí. (de-rre-tí) *pasado verbo derretir.*
Yo **derretí** la mantequilla en la estufa.

derretiré. (de-rre-ti-ré) *futuro verbo derretir.*
Yo **derretiré** la mantequilla en la estufa.

derrito. (de-rrí-to) *presente verbo derretir.*
Yo **derrito** la mantequilla en la estufa.

desastre. (de-sás-tre) *sustantivo m.*
Desgracia grande.
Disaster.
Esa inundación fue un **desastre**.

desde. (dés-de) *preposición.*
Indica el tiempo o lugar de donde vienen las cosas o personas.
From, since.
Vengo **desde** Alaska.
Llegué **desde** ayer.

di. (dí) *pasado verbo dar.*
Yo le **di** el libro a la profesora.

día. (dí-a) *sustantivo m.*
Las horas en que el Sol ilumina la tierra.
Cuando hay claridad.
Day.
Yo juego de **día**.

diario. (diá-rio) *sustantivo m.*
Que sucede todos los días.
Periódico que sale todos los días.
Daily occurrence, newspaper.
Tomamos leche a **diario**.
El **diario** llega a las 6 de la mañana.

dibujar. (di-bu-jár) *verbo.*
Pintar con lápiz en un papel una figura.
To draw.
Voy a **dibujar** una casa.

dibujé. (di-bu-jé) *pasado verbo dibujar.*
Yo **dibujé** una casa.

dibujo. (di-bú-jo) *presente verbo dibujar.*
Yo **dibujo** una casa.
Arte que enseña a dibujar.
Drawing.
Me gusta la clase de **dibujo**.

diccionario. (dik-sio-ná-rio) *sustantivo m.*
Conjunto de palabras con su significado que se reúnen en un libro.
Dictionary.
Este es un **diccionario**.

digo. (dí-go) *presente verbo decir.*
Yo **digo** la lección.

dije. (dí-je) *pasado verbo decir.*
Yo **dije** la lección.

dinero. (di-né-ro) *sustantivo m.*
Moneda corriente. Plata.
Money.
Con el **dinero** se pueden comprar muchas cosas.

diré. (di-ré) *futuro verbo decir.*
Yo **diré** la lección.

divertir. (di-ber-tír) *verbo.*
Entretener. Recrear.
To entertain, to amuse.
Me voy a **divertir** en el parque.

divertí. (di-ber-tí) *pasado verbo divertir.*
Me **divertí** en el parque.

divertiré. (di-ber-ti-ré) *futuro verbo divertir.*
Yo **divertiré** a los niños.

divierto. (di-bi-ér-to) *presente verbo divertir.*
Yo **divierto** a los niños.

dividir. (di-bi-dír) *verbo.*
Partir en pedazos. Repartir entre varios.
To divide, to split.
Voy a **dividir** el pastel en 10 pedazos.

dividí. (di-bi-dí) *pasado verbo dividir.*
Dividí el pastel en pedazos grandes.

dividiré. (di-bi-di-ré) *futuro verbo dividir.*
Dividiré el pastel en pedazos grandes.

divido. (di-bí-do) *presente verbo dividir.*
Yo **divido** el pastel.

doblar. (do-blár) *verbo.*
Torcer una cosa, encorvándola. Aumentar una cosa haciéndola una vez más de la que era.
To fold, to duplicate, to turn a corner.
Voy a **doblar** la hoja.

doblaré. (do-bla-ré) *futuro verbo doblar.*
Yo **doblaré** las camisas.

doblé. (do-blé) *pasado verbo doblar.*
Yo **doblé** las camisas.

doblo. (dó-blo) *presente verbo doblar.*
Yo **doblo** las hojas.

docena. (do-sé-na) *sustantivo f.*
Conjunto de doce cosas iguales.
Dozen.
Compré una **docena** de naranjas.

dormitorio. (dor-mi-tó-rio) *sustantivo m.*
Recámara. Lugar de la casa donde se duerme.
Bedroom
Hay una cama en el **dormitorio**.

doy. (dói) *presente verbo dar.*
Yo **doy** una pelota a mi hermano.

dragón. (dra-gón) *sustantivo m.*
Monstruo fabuloso de los cuentos, que echaba fuego por la nariz y la boca.
Dragon.
El **dragón** se comió a la princesa.

drama. (drá-ma) *sustantivo m.*
Obra literaria o de teatro.
Drama.
Vi un **drama** en el teatro.

droga. (dró-ga) *sustantivo f.*
Medicamento, medicina.
Medicine, prescription drug.
La aspirina es una **droga**.

dueño. (dué-ño) *sustantivo m.*
El que tiene dominio sobre una cosa. El que le pertenece algo.
Owner.
El es el **dueño** de 20 caballos.

dulce. (dúl-se) *adjetivo.*
Que causa una sensación agradable al comer, como el azúcar o la miel.
Sweet, candy.
La miel es **dulce**.

duna. (dú-na) *sustantivo f.*
Loma de arena en los desiertos.
Dune, sand dune.
En el desierto hay muchas **dunas**.

dúo. (dúo) *sustantivo m.*
Música que se canta o toca entre dos personas.
Duet.
El **dúo** canta muy bien.

durante. (du-rán-te) *adverbio.*
Lapso de tiempo en que se sucede algo.
Mientras.
While, during.
Jugamos pelota **durante** el recreo.

durar. (du-rár) *verbo.*
Estar o mantenerse en un lugar.
To last.
El viaje va a **durar** un mes.

duraré. (du-ra-ré) *futuro verbo durar.*
Duraré un mes en México.

duré. (du-ré) *pasado verbo durar.*
Yo **duré** un mes en México.

durazno. (du-rás-no) *sustantivo m.*
Fruta parecida al melocotón, de carne suave y dulce, pero más pequeña.
Peach.
El **durazno** es muy rico.

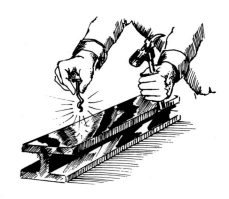

duro. (dú-ro) *1. presente verbo durar.*
Yo **duro** una hora leyendo.
2. adjetivo.
Se dice de las cosas que resisten mal trato o golpes.
Hard, solid.
El acero es **duro**.

Ee

eclipse. (e-klíp-se) *sustantivo m.*
Cuando un astro en su recorrido se esconde detrás de otro.
Eclipse.
Ví un **eclipse** de Sol.

eco. (é-ko) *sustantivo m.*
Repetición de un sonido cuando sus ondas chocan contra algo y regresan.
Echo.
Yo oigo el **eco** de mi voz.

echar. (e-chár) *verbo.*
Hacer que una cosa vaya a otro lugar, o que caiga en un lugar determinado.
To throw out, to cast, to put into, to pour.
No se debe **echar** basura a la calle.
Voy a **echar** una carta al buzón.

eché. (e-ché) *pasado verbo echar.*
Ayer **eché** dinero en una bolsa.

echo. (é-cho) *presente verbo echar.*
Yo **echo** dinero en una bolsa.

edad. (e-dád) *sustantivo f.*
Tiempo en que una persona vive, contando desde que nació.
Age.
Yo tengo 10 años de **edad**.

ejecutar. (e-je-ku-tár) *verbo.*
Hacer. Poner por obra una cosa.
To execute, to carry out.
Voy a **ejecutar** el baile.

ejecutaré. (e-je-ku-ta-ré) *futuro verbo ejecutar.*

Yo **ejecutaré** un baile.

ejecuté. (e-je-ku-té) *pasado verbo ejecutar.*
Ayer **ejecuté** el baile.

ejecuto. (e-je-kú-to) *presente verbo ejecutar.*
Yo **ejecuto** el baile.

elefante. (e-le-fán-te) *sustantivo m.*
Animal grande y gris con orejas enormes y trompa larga.
Elephant.
El **elefante** come hojas.

empanada. (em-pa-ná-da) *sustantivo f.*
Comida que va cubierta con masa de pan.
Meat pie.
Me gusta la **empanada**.

empapar. (em-pa-pár) *verbo.*
Mojar una cosa con un líquido.
To soak.
La lluvia va a **empapar** la ropa.

empaparé. (em-pa-pa-ré) *futuro verbo empapar.*
Yo **empaparé** el vestido.

empapé. (em-pa-pé) *pasado verbo empapar.*
Yo **empapé** el vestido.

empapo. (em-pá-po) *presente verbo empapar.*
Yo **empapo** el vestido.

emparedado. (em-pa-re-dá-do) *sustantivo m.*
Pedazo de jamón, queso o cualquier otra carne que se pone entre dos tajadas de pan.
Sandwich.
Me gusta el **emparedado** de jamón.

empujar. (em-pu-jár) *verbo.*
Hacer fuerza contra una cosa para moverla.
To push.
Voy a **empujar** un carro.

empujaré. (em-pu-ja-ré) *futuro verbo empujar.*
Empujaré con fuerza esta caja.

empujé. (em-pu-jé) *pasado verbo empujar.*
Yo **empujé** la caja.

empujo. (em-pú-jo) *presente verbo empujar.*
Yo **empujo** la caja.

en. (én) *preposición.*
Indica en qué lugar o tiempo.
In, on.
Está **en** Madrid.
Sucedió **en** noviembre.

enano. (e-ná-no) *sustantivo m.*
Persona muy pequeña de tamaño.
Dwarf.
En el circo hay un **enano**.

encantar. (en-kan-tár) *verbo.*
Llamar la atención porque se es bello o
agradable.
To charm, to enchant, to delight.
A los niños les va a **encantar** la música.

encantaré. (en-kan-ta-ré) *futuro verbo encan-*
tar.
Encantaré a la gente con mi música.

encanté. (en-kan-té) *pasado verbo encantar.*
Encanté a la gente con mi música.

encanto. (en-kán-to) *1. presente verbo encan-*
tar.
Me **encanto** con la música.
2. Sustantivo m.
Cosa que gusta.
Charm, delight.
Esa flor tiene un **encanto**.

encerrar. (en-se-rrár) *verbo.*
Meter a una persona o cosa en algún sitio de
dónde no pueda salir.
To lock up, to close in.
Debo **encerrar** las gallinas en el gallinero.

encerraré. (en-se-rra-ré) *futuro verbo encerrar.*
Encerraré las vacas en el corral.

encerré. (en-se-rré) *pasado verbo encerrar.*
Encerré las vacas en el corral.

encierro. (en-sié-rro) *presente verbo encerrar.*
Encierro las vacas en el corral.

encima. (en-sí-ma) *adverbio.*
En un puesto superior respecto de otro
inferior.
Above, over.
El techo está **encima** de la casa.

enfermo, (ma). (en-fér-mo (ma)) *adjetivo.*
Persona que está mal de salud.
Ill, sick.
El niño está **enfermo** de gripa.

enojar. (e-no-jár) *verbo.*
Disgustar. Molestar.
To get someone mad, to annoy, to anger.
Rompí el vidrio, papá se va a **enojar**.

enojaré. (e-no-ja-ré) *futuro verbo enojar.*
Me **enojaré** si se rompe el vidrio.

enojé. (e-no-jé) *pasado verbo enojar.*
Me **enojé** cuando el vidrio se rompió.

enojo. (e-nó-jo) *1. presente verbo enojar.*
Me **enojo** cuando rompo el vidrio.
2. *sustantivo m.*
Molestia. Ira contra otra persona.
Anger.
Sentí **enojo** cuando se rompió el vidrio.

enseñanza. (en-se-ñán-sa) *sustantivo f.*
Dar a otros instrucción de cómo y por qué son las cosas.
Teaching.
Este salón es para la **enseñanza** de matemáticas.

entender. (en-ten-dér) *verbo.*
Tener clara la idea de las cosas, comprender.
To understand.
Puedo **entender** la lectura.

entenderé. (en-ten-de-ré) *futuro verbo entender.*
Yo **entenderé** las palabras.

entendí. (en-ten-dí) *pasado verbo entender.*
Yo **entendí** las palabras.

entiendo. (en-ti-én-do) *presente verbo entender.*
Yo **entiendo** las palabras.

entre. (én-tre) *preposición.*
Indica que algo está en medio de dos o más cosas. Que está dentro de otra cosa.
Between, in.
Me siento **entre** papá y mamá.
Me metí **entre** una caja.

época. (é-po-ka) *sustantivo f.*
Espacio o período de tiempo en que se sucede algo especial.
Epoch, time.
En **época** de vacaciones vamos al mar.

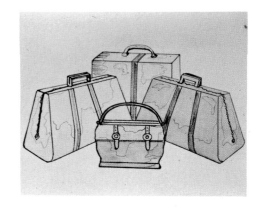

equipaje. (e-ki-pá-je) *sustantivo m.*
Conjunto de maletas y cosas que se llevan en un viaje.
Luggage.
Los vestidos están en mi **equipaje**.

error. (e-rrór) *sustantivo m.*
Algo que se ha hecho mal, que está equivocado.
Error, mistake.
Tengo un **error** en mi tarea.

escalera. (es-ka-lé-ra) *sustantivo f*
Conjunto de peldaños que sirven para subir y bajar. Dos largueros de madera, con unos travesaños.
To stair, ladder.
Yo subo la **escalera**.

escapar. (es-ka-pár) *verbo.*
Salir de un peligro o encierro.
Salir de prisa.
To escape, to run away.
Voy a **escapar** por la ventana.

escaparé. (es-ka-pa-ré) *futuro verbo escapar.*
Yo **escaparé** de la cárcel.

escapé. (es-ka-pé) *pasado verbo escapar.*
Escapé de la cárcel.

escapo. (es-ká-po) *presente verbo escapar.*
Yo **escapo** de la cárcel.

escoger. (es-ko-jér) *verbo.*
Elegir o tomar una cosa entre otras.
To choose, to select.
Voy a **escoger** el mejor dibujo.

escogeré. (es-ko-je-ré) *futuro verbo escoger.*
Escogeré mañana el mejor dibujo.

escogí. (es-ko-jí) *pasado verbo escoger.*
Ayer **escogí** el mejor dibujo.

escojo. (es-kó-jo) *presente verbo escoger.*
Yo **escojo** el mejor dibujo.

escalar. (es-ka-lár) *verbo.*
Subir o trepar una montaña u otra cosa de altura.
To climb.
Vamos a **escalar** esa montaña.

escalaré. (es-ka-la-ré) *futuro verbo escalar.*
Escalaré esa montaña mañana.

escalé. (es-ka-lé) *pasado verbo escalar.*
Escalé esa montaña ayer.

escalo. (es-ká-lo) *presente verbo escalar.*
Escalo esta montaña hoy.

escuchar. (es-ku-chár) *verbo.*
Oír con cuidado, detenidamente.
To listen to.
Voy a **escuchar** la música.

escucharé. (es-ku-cha-ré) *futuro verbo escuchar.*
Yo **escucharé** la música.

escuché. (es-ku-ché) *pasado verbo escuchar.*
Yo **escuché** la música.

escucho. (es-kú-cho) *presente verbo escuchar.*
Yo **escucho** la música.

escudo. (es-kú-do) *sustantivo m.*
Arma que se usaba para defenderse del ataque de otra persona.
Shield.
El **escudo** es de metal.

esfera. (es-fé-ra) *sustantivo f.*
Objeto redondo por todos los lados.
Sphere, ball.
La pelota es como una **esfera**.

esperar. (es-pe-rár) *verbo.*
Creer que va a pasar alguna cosa.
Permanecer en un lugar donde va a ir una persona.
To wait, to hope, to expect.
Vamos a **esperar** que llueva.
Voy a **esperar** en esta esquina.

esperaré. (es-pe-ra-ré) *futuro verbo esperar.*
Esperaré a mi mamá en la esquina.

esperé. (es-pe-ré) *pasado verbo esperar.*
Ayer **esperé** a mi mamá en la esquina.

espuma. (es-pú-ma) *sustantivo f.*
Burbujas que se forman en los líquidos.
Foam.
La cerveza tiene **espuma**.

era. (é-ra) *1. pasado verbo ser.*
Yo **era** el mejor jugador.
2. sustantivo f.
Lapso de tiempo largo.
Era, age.
Estamos en la **era** espacial.

estar. (es-tár) *verbo.*
Hallarse una persona o cosa en un lugar por un tiempo. Junto a un adjetivo quiere decir estado.
To be. (transitory).
Voy a **estar** en mi casa hasta las 12.
Quiero **estar** alegre hoy.

estaré. (es-ta-ré) *futuro verbo estar.*
Estaré en mi casa todo el día.

estoy. (es-tói) *presente verbo estar.*
Yo **estoy** en mi casa.

estudiante. (es-tu-dián-te) *sustantivo m.*
Persona que va al colegio o escuela a estudiar.
Student.
El **estudiante** va a la escuela.

estuve. (es-tú-be) *pasado verbo estar.*
Ayer **estuve** en el colegio.

examen. (ex-á-men) *sustantivo m.*
Prueba que se hace a una persona para saber si aprendió lo que se le enseñó.
Exam, test.
El **examen** de Matemáticas es difícil.

excursión. (ex-kur-sión) *sustantivo f.*
Ida o paseo a algún lugar o ciudad para conocer o estudiar.
Tour, trip, excursión.
Fuimos a Italia en una **excursión**.

explicación. (ex-pli-ka-sión) *sustantivo f.*
Aclaración. Palabras muy claras y ejemplos para que se entienda bien una materia.
Explanation.
El profesor da una **explicación** muy clara.

extranjero. (ex-tran-jé-ro) *sustantivo m.*
Persona que viene de otro país a visitarnos o a vivir en el nuestro.
Foreigner.
Vi un **extranjero** en el museo.

Ff

fábrica. (fá-bri-ka) *sustantivo f.*
Lugar donde hay máquinas para hacer alguna cosa.
Factory.
La **fábrica** de automóviles es grande.

fábula. (fá-bu-la) *sustantivo f.*
Narración de un hecho que no es cierto. Generalmente se relaciona con animales.
Fable.
Te voy a contar la **fábula** de la zorra.

fácil. (fá-sil) *adverbio.*
Que no es difícil. Que se puede hacer sin trabajo.
Easy.
Este juego es **fácil**.

facha. (fá-cha) *sustantivo f.*
Figura o aspecto. Cuando uno se viste para una ocasión especial.
Look, appearance.
Tienes hoy muy buena **facha**.

falda. (fál-da) *sustantivo f.*
Prenda de vestir usada por las mujeres que se ata a la cintura y cae hasta las rodillas, más o menos.
Skirt.
Tengo una **falda** roja.

falso, (sa). (fál-so (sa)) *adjetivo.*
Que no es cierto o verdadero.
Se dice de la persona que dice mentiras.
False.
Eso que dices es **falso**.

familia. (fa-mí-lia) *sustantivo f.*
Conjunto de personas o animales compuesto del padre, la madre y los hijos.
Family.
Vivo con mi **familia**.

fango. (fán-go) *sustantivo m.*
Barro. Lodo.
Mud.
Me resbalé en el **fango**.

farmacia. (far-má-sia) *sustantivo f.*
Droguería. Lugar donde venden medicinas.
Drugstore.
Voy a la **farmacia** a comprar una aspirina.

farol. (fa-ról) *sustantivo m.*
Caja formada de vidrio en la que se pone luz
para que alumbre.
Lantern, light.
Enciendo el **farol**.

favor. (fa-bór) *sustantivo m.*
Ayuda que se da a una persona.
Favor, help.
El me hizo el **favor** de llevar los libros.

fe. (fé) *sustantivo f.*
Creencia en alguna cosa. Confianza que se
tiene en alguna persona o cosa.
Faith, trust.
Tener **fe** en el médico es importante.

fecha. (fé-cha) *sustantivo f.*
Indicación del lugar y del tiempo en que se
hace una cosa.
Date.
La **fecha** de Navidad es el 25 de diciembre.

feo, (ea). (fé-o (ea)) *adjetivo.*
Se dice de algo o de alguien que no tiene
belleza.
Ugly.
El monstruo es **feo**.

ferrocarril. (fe-rro-ka-rríl) *sustantivo m.*
Líneas férreas por donde pasa el tren.
Railway, train.

El **ferrocarril** pasa cerca de mi casa.

fiebre. (fi-é-bre) *sustantivo f.*
Elevación de la temperatura del cuerpo
cuando se está enfermo.
Fever.
El niño está enfermo, tiene **fiebre**.

fiesta. (fi-és-ta) *sustantivo f.*
Diversión, alegría. Día en que se celebra
alguna fecha especial.
Holiday, feast.
Hoy es la **fiesta** de mi cumpleaños.

figura. (fi-gú-ra) *sustantivo f.*
Forma o dibujo con que se representa algo.
Forma que representa otra cosa.
Figure, Shape.
Ese carro tiene **figura** de tortuga.

fin. (fín) *sustantivo m.*
Término de una cosa. Motivo con que se hace algo.
End, objective.
Este es el **fin** del camino.
Estudio con el **fin** de aprender.

fingir. (fin-jir) *verbo.*
Simular, representar, aparentar.
Hacer creer lo que no es cierto.
To pretend.
Voy a **fingir** que estoy enfermo.

fingiré. (fin-ji-ré) *futuro verbo fingir.*
Fingiré que estoy enfermo.

fingí. (fin-ji) *pasado verbo fingir.*
Fingí que estaba enfermo.

finjo. (fín-jo) *presente verbo fingir.*
Finjo que estoy enfermo.

firma. (fír-ma) *sustantivo f.*
Nombre y apellido de una persona escrita por ella misma.
Signature.
Escribo mi **firma** en el cheque.

flaco, (ca). (flá-ko (ka)) *adjetivo.*
Se dice de las personas o animales que tienen pocas carnes.
Thin.
Ese perro está muy **flaco.**

flecha. (flé-cha) *sustantivo f.*
Varilla muy delgada, generalmente hecha de madera que termina en punta.
Arrow.
La **flecha** está clavada en el árbol.

flor. (flór) *sustantivo f.*
Parte más bella de las plantas.
Tiene pétalos de colores.
Flower.
La rosa es una **flor.**

fondo. (fón-do) *sustantivo f.*
La parte más baja de las cosas.
Hablando del mar o de los ríos es la parte dura sobre la que está el agua.
Bottom.
El barco está en el **fondo** del mar.

fontanero. (fon-ta-né-ro) *sustantivo m.*
Plomero. Persona que arregla los tubos por donde pasa el agua de la casa.
Plumber.
El **fontanero** arregló el lavadero.

formar. (for-már) *verbo.*
Dar figura a una cosa. Colocar una persona detrás de otra haciendo una línea.
To form, to line up, to shape something.
Voy a **formar** un muñeco de nieve.
Los soldados van a **formar**.

formaré. (for-ma-ré) *futuro verbo formar.*
Formaré un muñeco de nieve.

formé. (for-mé) *pasado verbo formar.*
Formé un muñeco de nieve ayer.
Formé a los soldados.

formo. (fór-mo) *presente verbo formar.*
Yo **formo** un muñeco de nieve.
Formo a los soldados.

foto. (fó-to) *sustantivo f.*
Imagen obtenida con una cámara fotográfica.
Picture, photograph.
Esta es la **foto** de mi papá.

freír. (fre-ír) *verbo.*
Fritar. Poner comida en aceite o mantequilla caliente para que se pueda comer.
To fry.
Voy a **freír** la carne.

freiré. (fre-i-ré) *futuro verbo freír.*
Freiré la carne.

freí. (freí) *pasado verbo freír.*
Freí la carne.

fríjol. (frí-jol) *sustantivo m.*
Planta, fruto del fríjol.
Son pepas duras, rojas, blancas o negras comestibles.
Dry bean, kidney bean, red bean.
Me gusta la comida con **fríjol**.

frío. (frío) *1. presente verbo freír.*
Yo **frío** la carne.
2. adjetivo.
Se dice de las cosas cuya temperatura es baja.
cold.
El hielo es **frío**.

fruta. (frú-ta) *sustantivo f.*
Parte de las plantas que contiene la semilla, casi siempre es comestible.
Fruit.
La naranja es una **fruta**.

fuego. (fué-go) *sustantivo m.*
Luz y calor que producen las cosas al quemarse.
Fire.
El **fuego** quema la casa.

fui. (fuí) *pasado verbo ser, y del verbo ir.*
Yo **fui** amigo del presidente.
Ayer **fui** al colegio.

fusil. (fu-síl) *sustantivo m.*
Arma de fuego que usan los soldados.
Rifle, gun.
El soldado disparó el **fusil**.

futuro. (fu-tú-ro) *sustantivo m.*
El tiempo que está por venir.
Future.
En el **futuro** iremos a Plutón.

Gg

gabinete. (ga-bi-né-te) *sustantivo m.*
Habitación que tiene aparatos necesarios donde el dentista o el médico ve a sus pacientes.
Voy al **gabinete** del médico.
Ministerio que conforma un Estado.
Cabinet. Office.
El presidente habló con todo el **gabinete**.

gaita. (gái-ta) *sustantivo f.*
Instrumento musical de viento.
Bagpipe.
Yo toco la **gaita**.

galápago. (ga-lá-pa-go) *sustantivo m.*
Silla pequeña de montar a caballo.
Saddle.
Voy a poner el **galápago** al caballo.

galería. (ga-le-ría) *sustantivo f.*
Corredor. Lugar donde hay una colección de pinturas.
Gallery, corridor.
En la **galería** hay muchas pinturas.

galón. (ga-lón) *sustantivo m.*
Medida de capacidad para los líquidos.
Gallon.
Necesito un **galón** de gasolina.

galleta. (ga-llé-ta) *sustantivo f.*
Pasta de harina huevos y azúcar que se divide en trocitos de diferentes formas y se hornea.
Cookie, biscuit.
La **galleta** es deliciosa.

ganado. (ga-ná-do) *sustantivo m.*
Grupo de animales que andan juntos.
Cattle.
El **ganado** está en el potrero.

gancho. (gán-cho) *sustantivo m.*
Instrumento de metal curvo y puntiagudo.
Sirve para agarrar o colgar una cosa.
Hook.
Colgué el saco en el **gancho**.

garabato. (ga-ra-bá-to) *sustantivo m.*
Escritura o dibujos mal trazados.
Scribble, doodle.
Esas letras parecen **garabatos**.

gastar. (gas-tár) *verbo.*
Emplear el dinero en alguna cosa.
Acabar.
To spend, to wear out, to use.
Voy a **gastar** este dinero en un dulce.

garganta. (gar-gán-ta) *sustantivo f.*
Cuello. Parte del cuello entre la cabeza y los
hombros.
Throat.
Me duele la **garganta**.

gastaré. (gas-ta-ré) *futuro verbo gastar.*
Gastaré 5 pesos.
Gastaré los zapatos.

gasté. (gas-té) *pasado verbo gastar.*
Gasté 5 pesos.
Gasté los zapatos.

gasto. (gás-to) *presente verbo gastar.*
Gasto 5 pesos.
Gasto los zapatos.
Expense.
Mis **gastos** no son grandes.

gelatina. (ge-la-tí-na) *sustantivo f.*
Sólido transparente de diferentes sabores y
colores.
Gelatine or Jello.
Me gusta comer **gelatina**.

gemelo. (ge-mé-lo) *sustantivo m.*
Hermanos iguales nacidos el mismo día.
Twin.
Enrique y Eduardo son **gemelos**.

general. (ge-ne-rál) *sustantivo m.*
Persona que tiene el mando de un ejército.
General.
El **general** da las órdenes.

gente. (gén-te) *sustantivo f.*
Muchas personas juntas.
People.
Había mucha **gente** en el teatro.

geografía. (ge-o-gra-fía) *sustantivo f.*
Ciencia que trata de la descripción de la
tierra.
Geography.
La **geografía** nos enseña que la tierra es
redonda.

gesto. (gés-to) *sustantivo m.*
Movimiento que se hace con las manos o la
cara.
Face, grimace, gesture.
El bebé hace **gestos**.

gigante. (gi-gán-te) *sustantivo m.*
Persona muy alta.
Giant.
Paul Bunyan era un **gigante**.

girar. (ji-rár) *verbo.*
Moverse alrededor de algo.
To turn around, to spin.
El cohete va a **girar** alrededor de la luna.

giraré. (ji-ra-ré) *futuro verbo girar.*
Giraré alrededor de la luna.

giré. (ji-ré) *pasado verbo girar.*
Giré alrededor de la luna.

giro. (gí-ro) *presente verbo girar.*
Yo **giro** alrededor de la luna.

globo. (gló-bo) *sustantivo m.*
Bolsa de plástico que se llena de aire o de gas para que se eleve. Es redondo como una esfera.
Globe, balloon.
Tengo un **globo** de colores.

golondrina. (go-lon-drí-na) *sustantivo t.*
Pájaro de colores negro por encima y blanco por debajo que aparece durante el verano.
Swallow.
La **golondrina** vuela rápido.

golpear. (gol-pe-ár) *verbo.*
Dar golpes.
To hit, to knock.
Voy a **golpear** la piedra con el martillo.
Voy a **golpear** la puerta.

golpearé. (gol-pe-a-ré) *futuro verbo golpear.*
Golpearé la piedra con el martillo.
Golpearé la puerta.

golpeé. (gol-pe-é) *pasado verbo golpear.*
Golpeé la piedra con el martillo.
Golpeé la puerta.

golpeo. (gol-péo) *presente verbo golpear.*
Golpeo la piedra con el martillo.
Golpeo la puerta.

goma. (gó-ma) *sustantivo f.*
Líquido espeso y pegajoso.
Glue.
Pego las láminas con **goma**.

gordo, (da). (gór-do (da)) *adjetivo.*
Persona o animal de muchas carnes.
Fat.
Ese perro está **gordo**.

gorrión. (go-rri-ón) *sustantivo m.*
Pájaro de 12 centímetros de largo, de color pardo. Muy abundante en casi todo el mundo. Copetón.
Sparrow.
El **gorrión** canta lindo.

gota. (gó-ta) *sustantivo f.*
Parte muy pequeñita de agua o cualquier líquido.
Drop.
Tomo una **gota** de agua.

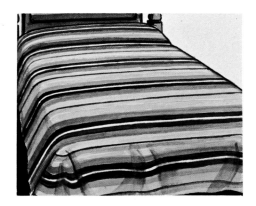

grande. (grán-de) *adjetivo.*
De tamaño voluminoso.
Big, large.
Vivo en la casa **grande**.

grano. (grá-no) *sustantivo m.*
Semilla del fruto del trigo o la cebada. Parte muy pequeña de otras cosas.
Grain.
Tengo un **grano** de arena entre el zapato.

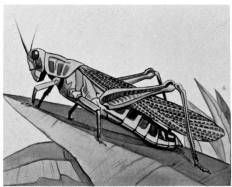

grillo. (grí-llo) *sustantivo m.*
Insecto pequeño de color verde, al frotar sus patas produce un ruido monótono.
Cricket.
Hay un **grillo** en el césped.

gritar. (gri-tár) *verbo.*
Levantar la voz más de lo acostumbrado.
To shout.
No se debe **gritar** en el salón de clase.

gritaré. (gri-ta-ré) *futuro verbo gritar.*
Yo **gritaré** muy fuerte.

grité. (gri-té) *pasado verbo gritar.*
Yo **grité** ayer.

grito. (grí-to) *1. Presente verbo gritar.*
Yo **grito** muy fuerte.
2. Sustantivo.
Voz muy levantada.
Shout, cry.
Oí un **grito**.

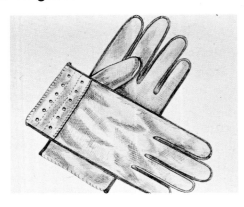

guante. (gu-án-te) *sustantivo m.*
Prenda de vestir que se pone en las manos para protegerlas del frío o del maltrato.
Glove.
Tengo un **guante** en la mano.

guardia. (gu-ár-dia) *sustantivo m.*
Soldado. Conjunto de personas armadas que protegen un lugar o a una persona.
Guard.
La **guardia** del palacio.

guardar. (gu-ar-dár) *verbo.*
Cuidar. Poner alguna cosa en lugar seguro, para que no se pierda.
To keep, to take care of.
Voy a **guardar** estas joyas.

guardaré. (gu-ar-da-ré) *futuro verbo guardar.*
Yo **guardaré** las joyas.

guardé. (gu-ar-dé) *pasado verbo guardar.*
Yo **guardé** las joyas.

guardo. (gu-ár-do) *presente verbo guardar.*
Yo **guardo** las joyas.

guayaba. (gu-a-yá-ba) *sustantivo f.*
Fruta del trópico; pequeña, redonda, de carne rosada o blanca agridulce.
Guava.
Me gusta la jalea de **guayaba**.

guerra (gé-rra) *sustantivo f.*
Lucha, pelea entre dos o más naciones.
War.
Los soldados van a la **guerra**.

guía. (gí-a) *sustantivo f.*
Persona que indica a otra el camino. Persona que lleva a otras a conocer la ciudad y los museos.
Guide.
El **guía** nos mostró toda la ciudad.

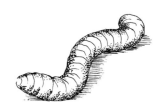

gusano. (gu-sá-no) *sustantivo m.*
Animal pequeño de forma alargada y blando, sin patas ni manos.
Worm.
La manzana tiene un **gusano**.

gustar. (gus-tár) *verbo.*
Sentir el sabor de los alimentos. Agradar.
To taste, to like.
Voy a **gustar** ese dulce.
Te va a **gustar** el cine.

gustaré. (gus-ta-ré) *futuro verbo gustar.*
Gustaré el dulce.
Gustaré al público.

gusté. (gus-té) *pasado verbo gustar.*
Gusté la comida.
Gusté al público.

gusto. (gús-to) *presente verbo gustar.*
Gusto la comida.
Gusto a la gente.

Hh

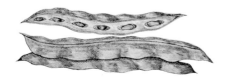

habichuela. (a-bi-chué-la) *sustantivo f.*
Fruta de la planta del mismo nombre larga y verde con semillas por dentro.
Stringbean.
La **habichuela** es deliciosa.

hablar. (a-blár) *verbo.*
Comunicarse con las otras personas por medio de palabras.
To speak, to talk.
Voy a **hablar** con la profesora.

hablaré. (a-bla-ré) *futuro verbo hablar.*
Hablaré con la profesora mañana.

hablé. (a-blé) *pasado verbo hablar.*
Ayer **hablé** con la profesora.

hablo. (á-blo) *presente verbo hablar.*
Yo **hablo** con la profesora hoy.

hacer. (a-sér) *verbo.*
Producir una cosa. Fabricar. Ejecutar una acción o trabajo.
To make, to do.
Voy a **hacer** la comida.

hacia. (á-sia) *preposición.*
Indica la dirección de un movimiento.
A donde va algo o alguien.
To toward.
Vamos **hacia** el norte.

hacha. (á-cha) *sustantivo f.*
Herramienta, que consta de una pala cortante y una vara de donde se agarra.
Ax.
El carpintero tiene una **hacha.**

hago. (á-go) *presente verbo hacer.*
Hoy yo **hago** la comida.

haré. (a-ré) *futuro verbo hacer.*
Haré la comida mañana.

harina. (a-rí-na) *sustantivo f.*
Polvo que resulta de moler los granos de trigo o de maíz.
Flour.
El pastel se hace con **harina** y azúcar.

hasta. (ás-ta) *preposición.*
Indica el término de una acción o lugar.
Until, as far as.
Te espero **hasta** que vengas.
Vamos **hasta** Alaska.

helado. (e-lá-do) *1. sustantivo m.*
Refresco de frutas, huevo y leche congelada.
Ice cream.
2. adjetivo.
Muy frío.
El té está **helado.**

hembra. (ém-bra) *sustantivo f.*
Animal del sexo femenino.
Female.
La vaca es la **hembra** del toro.

herida. (e-rí-da) *sustantivo f.*
Rotura que se hace en la piel.
Wound, cut.
Tengo una **herida** en la mano.

hermano. (er-má-no) *sustantivo m.*
Nacido del mismo padre y de la misma madre o sólo de uno de los dos.
Brother, sibling.
Mi **hermano** tiene 10 años.

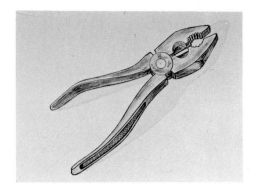

herramienta. (e-rra-mién-ta) *sustantivo f.*
Instrumento de hierro con los que los trabajadores hacen su oficio.
Tool.
El mecánico tiene una **herramienta.**

hervir. (er-bír) *verbo.*
Poner un líquido al fuego hasta que salga vapor.
To boil.
Voy a **hervir** el agua.

herví. (er-bí) *pasado verbo hervir.*
Herví el agua.

herviré. (er-bi-ré) *futuro verbo hervir.*
Herviré el agua.

hice. (í-se) *pasado verbo hacer.*
Yo **hice** un avión.

hielo. (i-é-lo) *sustantivo m.*
Agua convertida en cuerpo sólido por acción de la temperatura.
Ice.
El **hielo** es muy frío.

hierba. (i-ér-ba) *sustantivo f.*
Conjunto de plantas pequeñas, verdes y tiernas.
Pasture, grass, herb.
Las vacas comen **hierba**.

hiervo. (i-ér-bo) *presente verbo hervir.*
Yo **hiervo** el agua.

hierro. (i-é-rro) *sustantivo m.*
Metal duro de color gris, con el que se hacen muchas herramientas.
Iron.
El martillo es de **hierro**.

higo. (í-go) *sustantivo m.*
Fruto de higuera. De color verde o morado, blando, blanco y dulce por dentro.
Fig.
Quiero un **higo** dulce.

hijo. (í-jo) *sustantivo m.*
Persona o animal con respecto de su padre o de su madre.
Son.
La madre cuida al **hijo**.

hilo. (í-lo) *sustantivo m.*
Hebra larga y delgada que se hace retorciendo la lana o el algodón.
Thread.
Se cose con **hilo** y aguja.

historia. (is-tó-ria) *sustantivo f.*
Relato muy completo de hechos verdaderos.
History.
La **historia** de Cristóbal Colón es interesante.

hoguera. (o-gé-ra) *sustantivo f.*
Conjunto de palos o de carbón al que se le prende fuego.
Bonfire.
Enciendo una **hoguera**.

hoja. (ó-ja) *sustantivo f.*
Cada una de las partes verdes y delgadas que nacen en los tallos de las plantas.
Leaf.
El árbol tiene **hojas** verdes.

hombro. (óm-bro) *sustantivo m.*
Parte del cuerpo humano donde se apoya el cuello y de donde salen los brazos.
Shoulder.
Yo cuelgo la cartera en mi **hombro**.

hondo, (da). (ón-do (da)) *adjetivo.*
Se dice las cosas que están profundas, que están en la parte baja de algún sitio.
Deep.
El mar es **hondo**.

hora. (ó-ra) *sustantivo f.*
Cada una de las 24 partes en que se divide el día. Tiempo determinado para hacer algo.
Hour, time.
Juego durante una **hora**.
Es **hora** de comer.

horno. (ór-no) *sustantivo m.*
Caja de hierro en las cocinas donde se calienta o se asa la comida.
Oven.
El pan está en el **horno**.

hoy. (ói) *adverbio.*
En este día.
Today.
Hoy es lunes.

hueco. (u-é-ko) *sustantivo m.*
Hoyo o abertura en cualquier parte.
Hole,
En la tierra hay un **hueco** hondo.

huelo. (u-é-lo) *presente verbo oler.*
Yo **huelo** el perfume.

huella. (u-é-lla) *sustantivo f.*
Marca que deja el pie de personas o animales en la tierra por donde ha pasado.
Print, track.
Hay una **huella** en la arena.

huerta. (u-ér-ta) *sustantivo f.*
Terreno en que se cultiva legumbres y frutos.
Vegetable garden.
En la **huerta** hay zanahorias y manzanas.

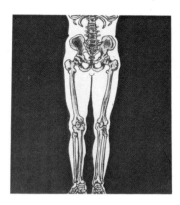

hueso. (u-é-so) *sustantivo m.*
Cada una de las piezas duras que forman el esqueleto.
Bone.
Me partí un **hueso** de la pierna.

huí. (u-í) *pasado verbo huir.*
Yo **huí** rápidamente de ese lugar.

huir. (u-ír) *verbo.*
Alejarse. Apartarse con velocidad para evitar algún daño.
To flee, to run away, to escape.
Se debe **huir** cuando hay un incendio.

huiré. (u-i-ré) *futuro verbo huir.*
Yo **huiré** del incendio.

humo. (ú-mo) *sustantivo m.*
Gas de color negro o gris que sale al quemar algo.
Smoke.
Por la chimenea sale **humo.**

hundir. (un-dír) *verbo.*
Meter en lo hondo.
To sink.
El barco se va a **hundir** en el mar.

hundí. (un-dí) *pasado verbo hundir.*
Yo **hundí** el barco.

hundiré. (un-di-ré) *futuro verbo hundir.*
Yo **hundiré** el barco.

hundo. (ún-do) *presente verbo hundir.*
Yo **hundo** el barco.

huyo. (ú-yo) *presente verbo huir.*
Yo **huyo** del incendio.

Ii

idea. (i-dé-a) *sustantivo f.*
Imagen o representación de un objeto que queda en la mente.
Idea.
Tengo la **idea** del tren.

idioma. (i-di-ó-ma) *sustantivo m.*
Lengua de una nación.
Language.
Todos hablamos un **idioma.**

igual. (i-gu-ál) *adjetivo.*
Que es de la misma naturaleza, cantidad, calidad, forma o color de otra cosa.
Alike, similar, equal.
Este vestido es **igual** a este otro.

iguana. (i-guá-na) *sustantivo f.*
Animal reptil que se parece a los lagartos, pero con una papada y cresta de espinas en el dorso.
Iguana.
La **iguana** vive en el río.

iluminar. (i-lu-mi-nár) *verbo.*
Alumbrar. Dar luz a algún lugar.
Dar color a figuras o dibujos.
To light.
Voy a **iluminar** la sala.
Debo **iluminar** este dibujo.

iluminaré. (i-lu-mi-na-ré) *futuro verbo iluminar.*
Iluminaré este dibujo.
Iluminaré la sala.

iluminé. (i-lu-mi-né) *pasado verbo iluminar.*
Yo **iluminé** la sala.
Yo **iluminé** el dibujo.

ilumino. (i-lu-mí-no) *presente verbo iluminar.*
Yo **ilumino** la sala.

ilustración. (i-lus-tra-sión) *sustantivo f.*
Estampa o dibujo que adorna un libro.
Illustration.
Veo la **ilustración** de ese cuento.

imagen. (i-má-gen) *sustantivo f.*
Figura o apariencia de una cosa.
Image.
Tengo su **imagen** en mi memoria.

imponer. (im-po-nér) *verbo.*
Poner carga u obligación a otra persona.
To impose.
Voy a **imponer** este trabajo al vendedor.

impondré. (im-pon-dré) *futuro verbo imponer.*
Yo **impondré** este trabajo al vendedor.

impongo. (im-pón-go) *presente verbo imponer.*
Yo **impongo** este trabajo al vendedor.

imposible. (im-po-sí-ble) *adjetivo.*
Que no es posible. Muy difícil.
Impossible.
Es **imposible** viajar al Sol.

impuse. (im-pú-se) *pasado verbo imponer.*
Yo **impuse** este trabajo al vendedor.

inaugurar. (i-nau-gu-rár) *verbo.*
Dar comienzo a una festividad.
Estrenar un monumento o edificio.
To inaugurate, to open.
Vamos a **inaugurar** la escuela.

inauguraré. (i-nau-gu-ra-ré) *futuro verbo inaugurar.*
Yo **inauguraré** la escuela.

inauguré. (i-nau-gu-ré) *pasado verbo inaugurar.*
Yo **inauguré** la escuela.

inauguro. (i-nau-gú-ro) *presente verbo inaugurar.*
Yo **inauguro** la escuela.

incendio. (in-sén-dio) *sustantivo m.*
Fuego grande que quema edificios y casas.
Fire.
El **incendio** acabó con la casa.

incómodo, (da). (in-có-mo-do (da)) *adjetivo.*
Que no tiene comodidad.
Uncomfortable.
Este salón es muy pequeño, es **incómodo**.

indio. (ín-dio) *sustantivo m.*
Antiguos pobladores de América. Los que hoy viven en algunas regiones y son descendientes de los primeros.
Indian.
Ese **indio** vive en la selva.

industria. (in-dús-tria) *sustantivo f.*
Conjunto de fábricas de varios géneros de un país.
Industry.
La **industria** americana es muy avanzada.

infancia. (in-fán-sia) *sustantivo f.*
Edad del niño desde que nace hasta los 2 años.
Infancy.
En la **infancia** los niños juegan mucho.

inferior. (in-fe-rió́r) *adjetivo.*
Que está debajo de otra cosa.
Que es menos que otra cosa en calidad o cantidad. Inferior.
Lower, inferior.
Mi recámara está en el piso **inferior.**

inflar. (in-flár) *verbo.*
Meter aire o gas dentro de una cosa de plástico o de caucho.
To inflate, to fill with air.
Voy a **inflar** este globo.

inflaré. (in-fla-ré) *futuro verbo inflar.*
Yo **inflaré** este globo.

inflé. (in-flé) *pasado verbo inflar.*
Yo **inflé** este globo.

inflo. (ín-flo) *presente verbo inflar.*
Yo **inflo** este globo.

inmenso. (sa). (in-mén-so (sa)) *adjetivo.*
Muy grande. Muy difícil de medir.
Inmmense, huge.
Este terreno es **inmenso.**

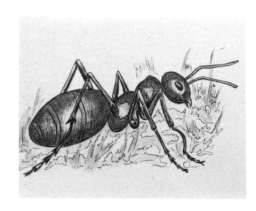

insecto. (in-séc-to) *sustantivo m.*
Se les dice a los animales muy pequeños divididos en cabeza, tórax y abdomen. Generalmente tienen antenas y alas.
Insect.
La hormiga es un **insecto.**

insignia. (in-síg-nia) *sustantivo f.*
Señal o distinción de honor.
Insignia, badge, emblem.
Tengo mi **insignia** de explorador.

instalar. (ins-ta-lár) *verbo.*
Poner en su lugar algo.
To set up, to install.
Voy a **instalar** la lámpara aquí.

instalaré. (ins-ta-la-ré) *futuro verbo instalar.*
Yo **instalaré** la lámpara aquí.

instalé. (ins-ta-lé) *pasado verbo instalar.*
Yo **instalé** la lámpara aquí.

instalo. (ins-tá-lo) *presente verbo instalar.*
Yo **instalo** la lámpara aquí.

instrumento. (ins-tru-mén-to) *sustantivo m.*
Máquina que nos sirve para hacer alguna cosa.
Instrument.
Este **instrumento** sirve para hacer huecos.

interior. (in-te-riór) *adjetivo.*
Que está en la parte de adentro.
Inside, interior.
La sorpresa está en el **interior** de la caja.

inventar. (in-ben-tár) *verbo.*
Hallar o descubrir una cosa nueva.
To invent.
Voy a **inventar** un nuevo avión.

inventaré. (in-ben-taré) *pasado verbo inventar.*
Yo **inventaré** un nuevo avión.

inventé. (in-ben-té) *pasado verbo inventar.*
Yo **inventé** un nuevo avión.

invento. (in-ben-to) *1. presente verbo inventar.*
Yo **invento** un nuevo avión.
2. sustantivo.
Cosa inventada.
Invention.
Este es mi nuevo **invento**.

invierno. (in-bi-ér-no) *sustantivo m.*
Epoca muy fría.
Winter.
Cae nieve en **invierno**.

ir. (ir) *verbo.*
Moverse de un lugar a otro.
To go.
Voy a **ir** al teatro.

ira. (í-ra) *sustantivo f.*
Enojo, furia.
Anger.
Tengo **ira**.

iré. (i-ré) *futuro verbo ir.*
Yo **iré** al teatro mañana.

iris. (í-ris) *sustantivo m.*
1. Arco de colores que se forma en las nubes cuando ha llovido y sale el Sol.
Rainbow.
El arco **iris** es muy bonito.
2. Parte de color del ojo.
Iris.
El **iris** de tus ojos es azul.

isla. (ís-la) *sustantivo f.*
Porción de tierra rodeada de agua por todas
lados.
Island.
Jamaica es una **isla**.

izquierdo, (da). (is-qui-ér-do (da)) *adjetivo.*
Se dice de las cosas que están hacia la mano
izquierda.
Left.
El teatro está a la **izquierda** de la plaza.

Jj

jabón. (ja-bón) *sustantivo m.*
Pasta que se disuelve en el agua. Sirve para lavar.
Soap.
Me lavo las manos con **jabón**.

jaguar. (ja-guár) *sustantivo m.*
Animal de gran tamaño con la piel adornada de manchas negras.
Jaguar.
El **jaguar** es feroz.

jalea. (ja-lé-a) *sustantivo f.*
Conserva transparente que se hace con el zumo de las frutas y azúcar.
Jelly.
Me gusta la **jalea** de guayaba.

jardín. (jar-dín) *sustantivo m.*
Terreno donde se cultivan flores y se adorna con árboles y fuentes.
Garden.
Vamos al **jardín** a jugar.

jarra. (já-rra) *sustantivo f.*
Vasija de boca ancha y con una o dos asas.
Jug, pitcher.
El agua está en la **jarra**.

jefe. (jé-fe) *sustantivo m.*
Persona que manda en un grupo.
Chief, boss.
Yo soy el **jefe** del grupo.

jilguero. (jil-gé-ro) *sustantivo m.*
Pájaro muy bonito que canta muy bien.
Linnet, gold finch.
Hay un **jilguero** en el jardín.

jinete. (ji-né-te) *sustantivo m.*
Persona que monta a caballo.
Rider, horseman.
El **jinete** está encima del caballo.

jirafa. (ji-rá-fa) *sustantivo f.*
Animal que vive en Africa, tiene el cuello muy largo y la piel es gris con manchas negras.
Giraffe.
La **jirafa** come hojas.

jornada. (jor-ná-da) *sustantivo f.*
Camino que se anda en un día.
Un día de trabajo.
Journey, one day's work.
La **jornada** de hoy es de 5 kilómetros.

joven. (jó-ben) *adjetivo.*
Se dice de la gente que tiene poca edad.
Young.
Esa señora es **joven**.

joya. (jó-ya) *sustantivo f.*
Pieza de oro o plata con piedras preciosas que sirve para adornar.
Jewel.
Esa señora tiene una **joya**.

joyería. (jo-ye-ría) *sustantivo f.*
Lugar donde se hacen y venden las joyas.
Jewelry.
Compré este anillo en la **joyería**.

juego. (ju-é-go) *1. presente verbo jugar.*
Yo **juego** fútbol.
2. sustantivo m.
Ejercicio recreativo que tiene unas reglas y en el cual se gana o se pierde.
Game.
Vamos al **juego** de pelota.

jugo. (jú-go) *sustantivo m.*
Zumo de las frutas.
Juice.
Me gusta el **jugo** de naranja.

juguete. (ju-gé-te) *sustantivo m.*
Objeto bonito con que se entretienen los niños.
Toy.
Compré un **juguete** para mi hijo.

jungla. (jún-gla) *sustantivo f.*
Terreno tropical cubierto de mucha vegetación.
Jungle.
Vamos de cacería a la **jungla**.

juntar. (jun-tár) *verbo.*
Unir unas cosas con otras.
To join, to put together
Voy a **juntar** todas estas sillas.

juntaré. (jun-ta-ré) *futuro verbo juntar.*
Yo **juntaré** todas las sillas.

junté. (jun-té) *pasado verbo juntar.*
Yo **junté** todas las sillas.

junto. (jún-to) *1. presente verbo juntar.*
Yo **junto** todas las sillas.
2. adverbio.
Cerca de.
Near, close to, together.
La iglesia está **junto** a la alcaldía.

jurar. (ju-rár) *verbo.*
Afirmar o negar solemnemente una cosa.
To swear.
Voy a **jurar** que es verdad.

juraré. (ju-ra-ré) *futuro verbo jurar.*
Yo **juraré** que es verdad.

juré. (ju-ré) *pasado verbo jurar.*
Yo **juré** que es verdad.

juro. (jú-ro) *presente verbo jurar.*
Yo **juro** que es verdad.

juventud. (ju-ben-túd) *sustantivo f.*
Epoca de la vida de la gente después de la
niñez. Conjunto de gente joven.
Youth.
En la **juventud** se corre y se juega.
Este es un programa para la **juventud**.

Kk

kepis. (ké-pis) *sustantivo m.*
Gorro pequeño que usan los militares.
Military cap.
El soldado usa un **kepis**.

kilo. (ki-lo) *sustantivo m.*
Significa mil, con palabras como kilogramo.
Kilo, kilogram.
Compro un **kilo** de arroz.

kilómetro. (ki-ló-me-tro) *sustantivo m.*
Medida que tiene mil metros.
Kilometer.
Recorrimos un **kilómetro** a pie.

kiosco. (ki-ós-ko) *sustantivo m.*
Pequeña construcción abierta por todos los lados que se pone en los jardines para descansar o tomar refrescos.
Kiosk, newsstand, candy stand.
En el **kiosco** podemos comprar algo.

LL

laboratorio. (la-bo-ra-tó-rio) *sustantivo m.*
Oficina en donde los químicos hacen sus experiencias.
Laboratory.
Los químicos están en el **laboratorio**.

labranza. (la-brán-sa) *sustantivo f.*
Cultivo de la tierra.
Plowing, tilling.
Los agricultores están en la **labranza**.

labrar. (la-brár) *verbo.*
Cultivar los campos.
To plow, to till, to farm.
Voy a **labrar** la tierra.

labraré. (la-bra-ré) *futuro verbo labrar.*
Yo **labraré** la tierra.

labré. (la-bré) *pasado verbo labrar.*
Yo **labré** la tierra.

labro. (lá-bro) *presente verbo labrar.*
Yo **labro** la tierra.

ladrar. (la-drár) *verbo.*
El ruido que hacen los perros.
To bark.
Voy a **ladrar** como un perro.

ladraré. (la-dra-ré) *futuro verbo ladrar.*
Yo **ladraré** para imitar un perro.

ladré. (la-dré) *pasado verbo ladrar.*
Yo **ladré** para imitar un perro.

ladro. (lá-dro) *presente verbo ladrar.*
Yo **ladro** para imitar un perro.

ladrillo. (la-drí-llo) *sustantivo m.*
Masa de barro cocida que se emplea en construcción.
Brick.
La pared es de **ladrillo**.

lago. (lá-go) *sustantivo m.*
Gran cantidad de agua rodeada de tierra.
Lake.
Voy a navegar en el **lago**.

lana. (lá-na) *sustantivo f.*
Pelo de las ovejas que se hila y sirve para hacer paños y otros tejidos.
Wool.
Esta cobija es de **lana**.

lancé. (lan-sé) *pasado verbo lanzar.*
Yo **lancé** la pelota.

lanzar. (lan-sár) *verbo.*
Arrojar, botar.
To throw.
Voy a **lanzar** la pelota.

lanzaré. (lan-sa-ré) *futuro verbo lanzar.*
Yo **lanzaré** la pelota.

lanzo. (lán-so) *presente verbo lanzar.*
Yo **lanzo** la pelota.

largo, (ga). (lár-go (ga)) *adjetivo.*
Que tiene cierta longitud. Que no es corto.
Long.
Esta cuerda es **larga**.

lavar. (la-bár) *verbo.*
Limpiar una cosa con agua.
To wash.
Voy a **lavar** la ropa..

lavaré. (la-ba-ré) *futuro verbo lavar.*
Yo **lavaré** la ropa.

lavé. (la-bé) *pasado verbo lavar.*
Yo **lavé** la ropa.

lavo. (lá-bo) *presente verbo lavar.*
Yo **lavo** la ropa.

lección. (lek-sión) *sustantivo f.*
Conjunto de conocimientos que se da a los discípulos. Lo que el maestro señala a los estudiantes para que estudien.
Lesson.
Esta es la **lección** de Geografía.

lectura. (lek-tú-ra) *sustantivo f.*
Acción de leer.
Reading.
Me gusta la clase de **lectura**.

leer. (le-ér) *verbo.*
Pasar la vista por lo que está escrito para aprender algo.
To read.
Voy a **leer** este cuento.

leeré. (le-e-ré) *futuro verbo leer.*
Yo **leeré** este libro.

leí. (le-í) *pasado verbo leer.*
Yo **leí** ese libro.

leña. (lé-ña) *sustantivo f.*
Parte de los árboles que se corta en trozos y se enciende para que dé luz y calor.
Fire wood.
La **leña** está en la hoguera.

leo. (lé-o) *presente verbo leer.*
Yo **leo** este libro.

levantar. (le-ban-tár) *verbo.*
Mover de abajo hacia arriba una cosa.
To lift.
Voy a **levantar** esos libros del suelo.

levantaré. (le-ban-ta-ré) *futuro verbo levantar.*
Yo **levantaré** los libros del suelo.

levantaré. (le-ban-ta-ré) *futuro verbo levantar.*
Yo **levanté** los libros del suelo.

levanto. (le-bán-to) *presente verbo levantar.*
Yo **levanto** los libros del suelo.

ley. (lé-i) *sustantivo f.*
Norma o regla invariable con que se manda o prohibe algo.
Law.
La **ley** manda.

libertad. (li-ber-tád) *sustantivo f.*
Facultad que tiene el hombre de hacer o no hacer una cosa.
Liberty.
Tenemos **libertad** de ir o no al cine.

libra. (lí-bra) *sustantivo f.*
Medida de peso que contiene 16 onzas o 454 gramos.
Pound.
Compro **una libra** de carne.

libro. (lí-bro) *sustantivo m.*
Conjunto de muchas hojas de papel impresas que se han cosido juntas.
Book.
Leo este **libro**.

lindo, (da). (lín-do (da)) *adjetivo.*
Hermoso, bello.
Pretty, beautiful.
El vestido es **lindo**.

linterna. (lin-tér-na) *sustantivo f.*
Farol fácil de llevar en la mano.
Lantern, flash-light.
Llevo la **linterna** en la mano.

lobo. (ló-bo) *sustantivo m.*
Animal carnívoro de color gris oscuro, enemigo del ganado.
Wolf.
El **lobo** se comió las ovejas.

loma. (ló-ma) *sustantivo f.*
Montaña de poca altura.
Hill.
Subiré la **loma**.

lotería. (lo-te-ría) *sustantivo f.*
Rifa que se hace con billetes o dinero en el que se premia un billete sacado a la suerte.
Raffle, lottery.
Me gané $1 000 en la **lotería**.

lucero. (lu-cé-ro) *sustantivo m.*
Cualquier astro de los que aparecen más grandes y brillantes.
Shining star, bright star.
En la noche se ven estrellas y **luceros**.

lucha. (lú-cha) *sustantivo f.*
Pelea entre dos en que abrazándose se procura poner al adversario en tierra. Contienda. Disputa.
Struggle, fight.
Vi una **lucha** en la calle.

lugar. (lu-gár) *sustantivo m.*
Espacio ocupado o que puede ser ocupado por otra cosa.
Place, location.
Pon esos libros en ese **lugar**.

luz. (lús) *sustantivo f.*
Claridad, iluminación.
Light.
Enciende la **luz** que no te veo.

Ll ll

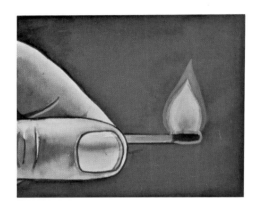

llama. (llá-ma) *sustantivo f.*
Gas de color amarillo rojizo que sale de las cosas que están ardiendo.
Flame.
Me quemé el dedo en la **llama** de la vela.

llamar. (lla-már) *verbo.*
Dar voces o hacer ademanes para que alguien nos advierta o venga.
To call.
Voy a **llamar** a ese niño.

llamaré. (lla-ma-ré) *futuro verbo llamar.*
Yo **llamaré** a ese niño.

llamé. (lla-mé) *pasado verbo llamar.*
Yo **llamé** a ese niño.

llamo. (llá-mo) *presente verbo llamar.*
Yo **llamo** a ese niño.

llanta. (llán-ta) *sustantivo f.*
Borde exterior de las ruedas de los carros o coches.
Tire.
Ese carro tiene ocho **llantas**.

llanto. (llán-to) *sustantivo m.*
Lágrimas y lamentos que se dan cuando uno tiene un dolor o una pena.
Crying, weeping.
Oigo el **llanto** del bebé.

llave. (lla-be) *sustantivo f.*
Instrumento de hierro que se mete en la cerradura de las puertas y sirve para abrirla o cerrarla.
Key.
Abre la puerta con **llave**.

llegar. (lle-gár) *verbo.*
Venir de un sitio a otro.
To arrive.
Voy a **llegar** a las 10 de la mañana.

llegaré. (lle-ga-ré) *futuro verbo llegar.*
Yo **llegaré** mañana a las 10.

llegué. (lle-gé) *pasado verbo llegar.*
Yo **llegué** ayer a las 10.

llego. (llé-go) *presente verbo llegar.*
Yo **llego** hoy a las 10.

llenar. (lle-nár) *verbo.*
Ocupar con cualquier cosa un espacio vacío.
To fill.
Voy a **llenar** el balde de arena.

llenaré. (lle-na-ré) *futuro verbo llenar.*
Yo **llenaré** el balde de arena.

llené. (lle-né) *pasado verbo llenar.*
Yo **llené** el balde de arena.

lleno. (llé-no) 1. *presente verbo llenar.*
Yo **lleno** el balde de arena.
2. *adjetivo.*
Se dice de las cosas que están ocupadas con algo.
Full.
El balde está **lleno** de arena.

llevar. (lle-bár) *verbo.*
Transportar una cosa de un lugar a otro.
To carry, to transport.
Voy a **llevar** la silla al salón.

llevaré. (lle-ba-ré) *futuro verbo llevar.*
Yo **llevaré** la silla al salón.

llevé. (lle-bé) *pasado verbo llevar.*
Yo **llevé** la silla al salón.

llevo. (llé-bo) *presente verbo llevar.*
Yo **llevo** la silla al salón.

llorar. (llo-rár) *verbo.*
Derramar lágrimas.
To cry, to weep.
Veo al niño **llorar.**

lloraré. (llo-ra-ré) *futuro verbo llorar.*
Yo **lloraré** si no vienes.

lloré. (llo-ré) *pasado verbo llorar.*
Yo **lloré** cuando te vi.

lloro. (lló-ro) *presente verbo llorar.*
Yo **lloro** porque estoy triste.

lluvia. (llu-bia) *sustantivo f.*
Agua que cae de las nubes.
Rain, showers.
La **lluvia** mojó todos los campos.

Mm

maceta. (ma-sé-ta) *sustantivo f.*
Vaso de barro que tiene un hueco en el fondo y sirve para sembrar plantas.
Flower pot.
Siembra las flores en la **maceta**.

machete. (ma-ché-te) *sustantivo m.*
Cuchillo grande de un solo filo que sirve para cortar cañas.
Large, heavy knife.
La caña de azúcar se corta con **machete**.

macho. (má-cho) *sustantivo m.*
Animal del sexo masculino.
Male, coloquial, male chauvinist.
El toro es el **macho** de la vaca.

madera. (ma-dé-ra) *sustantivo f.*
Parte sólida de los árboles debajo de la corteza.
Wood.
La mesa es de **madera**.

madrugar. (ma-dru-gár) *verbo.*
Levantarse de la cama muy temprano.
To rise early.
Voy a **madrugar** a las 5.

madrugaré. (ma-dru-ga-ré) *futuro verbo.*
Madrugar.
Yo **madrugaré** mañana a las 5.

madrugo. (ma-drú-go) *presente verbo madrugar.*
Yo **madrugo** a las 5.

madrugué. (ma-dru-gé) *pasado verbo madrugar.*
Yo **madrugué** a las 5.

maestro. (ma-és-tro) *sustantivo m.*
Persona que enseña una ciencia o arte.
Teacher.
El **maestro** enseñó a los alumnos.

magia. (má-gia) *sustantivo f.*
Arte que enseña a hacer cosas extraordinarias.
Magic.
El mago hace **magia**.

mal. (mál) 1. *sustantivo m.*
Cualidad contraria al bien.
Evil, wrong doing.
No hay que hacer **mal** a los animales.
2. *adverbio.*
Lo contrario de bien. De mala manera.
Badly, wrong.
Antonio hizo **mal** la tarea.

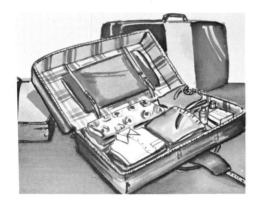

maleta. (ma-lé-ta) *sustantivo f.*
Caja de cuero o lona que sirve para guardar la ropa en los viajes.
Suitcase.
En la **maleta** se lleva la ropa.

malo, (la). (má-lo (la)) *adjetivo.*
Que no tiene bondad.
Bad.
El ladrón es **malo**.

mandar. (man-dár) *verbo.*
Dar órdenes. Enviar algo.
To give an order, to send, to ship, to mail.
Voy a **mandar** que hagan silencio.
Voy a **mandar** esta carta.

mandaré. (man-da-ré) *futuro verbo mandar.*
Yo **mandaré** que hagan silencio.
Yo **mandaré** esta carta.

mandé. (man-dé) *pasado verbo mandar.*
Yo **mandé** que hicieran silencio.
Yo **mandé** esta carta.

mando. (mán-do) *presente verbo mandar.*
Yo **mando** que hagan silencio.
Yo **mando** esta carta.

mañana. (ma-ñá-na) *adverbio.*
El día que sigue después del de hoy.
Tomorrow.
Hoy es lunes, **mañana** será martes.

mas. (más) 1. *conjunción.*
Pero.
But.
Me gustaría ir al cine **mas** no puedo.
2. *adverbio.*
Indica superioridad, exceso.
More.
El es **más** alto que yo.

mayor. (ma-yór) *adjetivo.*
Que excede a una cosa en cantidad o calidad.
Bigger, older, greater.
Pedro es **mayor** que Juan.

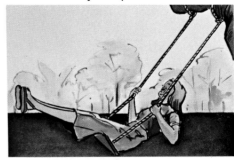

mecer. (me-sér) *verbo.*
Mover una cosa de un lado a otro sin que se cambie de lugar.
To swing, to rock.
Me voy a **mecer** en el columpio.

meceré. (me-se-ré) *futuro verbo mecer.*
Yo **meceré** la cuna.

mecí. (me-sí) *pasado verbo mecer.*
Yo **mecí** la cuna.

medianoche. (me-dia-nó-che) *sustantivo f.*
Hora en que la noche se termina y comienza el nuevo día. 12 de la noche.
Midnight.
Dormí hasta **medianoche.**

médico. (mé-di-co) *sustantivo m.*
Persona que ejerce la medicina.
Physician, M.D., doctor.
El **médico** cura los enfermos.

mediodía. (me-dio-dí-a) *sustantivo m.*
Hora en que se termina la mañana y comienza la tarde 12m.
Noon, midday.
Tomo mi almuerzo al **mediodía.**

medir. (me-dir) *verbo.*
Igualar y comparar una cosa con otra.
To measure.
El ingeniero va a **medir** la calle.

medí. (me-dí) *pasado verbo medir.*
Yo **medí** la calle.

mediré. (me-di-ré) *futuro verbo medir.*
Yo **mediré** la calle.

mejor. (me-jór) *adjetivo.*
Superior a otra cosa.
Best, better.
El es el **mejor** de la clase.

menor. (me-nór) *adjetivo.*
Que tiene menos cantidad o calidad que otra cosa.
Smaller, lesser, younger.
Esta niña es la **menor** de la clase.

menos. (mé-nos) *adverbio.*
Indica la idea de falta, disminución o inferioridad.
Less.
Yo soy **menos** alto que tú.

meter. (me-tér) *verbo.*
Introducir una cosa dentro de otra.
To put into.
Voy a **meter** el dinero en la cartera.

meteré. (me-te-ré) *futuro verbo meter.*
Yo **meteré** el dinero en la cartera.

metí. (me-tí) *pasado verbo meter.*
Yo **metí** el dinero en la cartera.

meto. (mé-to) *presente verbo meter.*
Yo **meto** el dinero en la cartera.

mezo. (mé-so) *presente verbo mecer.*
Yo **mezo** la cuna.

mido. (mí-do) *presente verbo medir.*
Yo **mido** la calle.

minuto. (mi-nú-to) *sustantivo m.*
Cada una de las 60 partes en que se divide la hora.
Minute.
Cantó durante un **minuto.**

mirar. (mi-rár) *verbo.*
Fijar la vista en un objeto.
To look, to watch.
Voy a **mirar** las revistas.

miraré. (mi-ra-ré) *futuro verbo mirar.*
Yo **miraré** las revistas.

miré. (mi-ré) *pasado verbo mirar.*
Yo **miré** las revistas.

miro. (mí-ro) *presente verbo mirar.*
Yo **miro** las revistas.

mitad. (mi-tád) *sustantivo f.*
Cada una de las 2 partes iguales en que se divide un todo.
Half, middle.
Quiero la **mitad** de la manzana.

mojar (mo-jár) *verbo.*
Humedecer una cosa con agua.
To wet.
Voy a **mojar** el césped.

mojaré. (mo-ja-ré) *futuro verbo mojar.*
Yo **mojaré** el césped.

mojé. (mo-jé) *pasado verbo mojar.*
Yo **mojé** el césped.

mojo. (mó-jo) *presente verbo mojar.*
Yo **mojo** el césped.

molde. (mól-de) *sustantivo m.*
Cualquier instrumento que sirve para estampar o dar forma a una cosa.
Mold, pattern.
Es el **molde** de hacer la gelatina.

moneda. (mo-né-da) *sustantivo f.*
Pieza de oro, de plata u otro metal en forma de disco que se usa como dinero.
Coin, currency.
Tengo una **moneda** de 50 centavos.

montar. (mon-tár) *verbo.*
Subirse encima de una cosa.
To get on, to ride.
Yo voy a **montar** en bicicleta.

montaré. (mon-ta-ré) *pasado verbo montar.*
Yo **montaré** en bicicleta.

monté. (mon-té) *pasado verbo montar.*
Yo **monté** en bicicleta.

monto. (món-to) *presente verbo montar.*
Yo **monto** en bicicleta.

mostrar. (mos-trár) *verbo.*
Exponer a la vista una cosa para que se vea.
To show, to display.
Te voy a **mostrar** mi nuevo carro.

mostraré. (mos-tra-ré) *futuro verbo mostrar.*
Yo te **mostraré** mi nuevo carro.

mostré. (mos-tré) *pasado verbo mostrar.*
Yo te **mostré** mi nuevo carro.

mover. (mo-ber) *verbo.*
Hacer que algo deje el lugar que ocupa y pase a otro.
To move.
Voy a **mover** este asiento hacia acá.

moveré. (mo-be-ré) *futuro verbo mover.*
Yo **moveré** este asiento hacia acá.

moví. (mo-bí) *pasado verbo mover.*
Yo **moví** este asiento para acá.

mucho, (cha). (mú-cho (cha)) *adjetivo.*
Indica que es abundante, numeroso.
Much, a lot of.
Tengo **mucho** trabajo.

muestro. (mu-és-tro) *presente verbo mostrar.*
Yo **muestro** mi nuevo carro.

muevo. (mu-é-bo) *presente verbo mover.*
Yo **muevo** este asiento para acá.

mula. (mú-la) *sustantivo f.*
Hija de asno y yegua, o de caballo y burra.
Se usa para trabajos pesados.
Mule.
La **mula** lleva el agua a la casa.

muy. (múi) *adverbio.*
Se usa para denotar grado sumo.
Very.
El es **muy** gordo.

Nn

nación. (na-sión) *sustantivo f.*
Conjunto de habitantes de un país. Territorio de un país.
Nation.
La **nación** francesa tiene costa sobre el mar.

nadar. (na-dár) *verbo.*
Mantenerse en el agua sin hundirse.
To swim.
Voy a **nadar** en el lago.

nadaré. (na-da-ré) *futuro verbo nadar.*
Yo **nadaré** en el lago.

nadé. (na-dé) *pasado verbo nadar.*
Yo **nadé** en el lago.

nado. (ná-do) *presente verbo nadar.*
Yo **nado** en el lago.

naranja. (na-rán-ja) *sustantivo f.*
Fruto redondo de color entre rojo y amarillo, de pulpa dulce y jugosa.
Orange.
Me gusta el jugo de **naranja.**

narrar. (na-rrár) *verbo.*
Contar lo que ha sucedido.
To relate, to tell.
Voy a **narrar** lo sucedido.

narraré. (na-rra-ré) *futuro verbo narrar.*
Yo **narraré** un cuento.

narré. (na-rré) *pasado verbo narrar.*
Yo **narré** un cuento.

narro. (ná-rro) *presente verbo narrar.*
Yo **narro** un cuento.

naturaleza. (na-tu-ra-lé-sa) *sustantivo f.*
Conjunto de plantas y animales de la tierra.
Nature.
Debemos cuidar la **naturaleza.**

nave. (ná-ve) *sustantivo f.*
Barco; embarcación.
Ship.
La **nave** va por el mar.

necesario. (ne-se-sá-rio) *adjetivo.*
Se dice de las cosas que son indispensables.
Necessary.
El lápiz es **necesario** para escribir.

nevera. (ne-bé-ra) *sustantivo f.*
Refrigerador. Armario con un depósito de hielo donde se guardan los alimentos para conservarlos.
Refrigerator, ice box.
La leche está en la **nevera**.

ni. (ní) *conjunción.*
Indica negación.
Neither, nor.
Mi libro no es **ni** el rojo **ni** el verde.

nido. (ní-do) *sustantivo m.*
Lecho o casa que hacen las aves con pajas y plumas para poner los huevos y criar los hijos.
Nest.
El pájaro está en el **nido**.

nieto. (ni-é-to) *sustantivo m.*
Hijo de los hijos.
Grandson.
El abuelo pasea con el **nieto**.

nieve. (ni-é-be) *sustantivo f.*
Agua helada que se desprende de las nubes en forma de copos blancos.
Snow.
Juego en la **nieve**.

ninguno, (na). (nin-gú-no (na)) *adjetivo.*
Ni uno solo.
No one, not any.
No ha venido **ninguno** de los niños.

no. (nó) *adverbio.*
Se usa en las respuestas negativas.
No.
No tengo los lápices.

noche. (nó-che) *sustantivo f.*
Tiempo en que falta la luz del Sol.
Night.
Duermo toda la **noche**.

nochebuena. (no-che-bu-é-na) *sustantivo f.*
El 24 de diciembre.
Christmas Eve.
En la **nochebuena** nos dan regalos.

noticiero. (no-ti-ci-é-ro) *sustantivo m.*
Narración de los sucesos de actualidad.
News broadcast.
Veo el **noticiero** en el televisor.

nube. (nú-be) *sustantivo f.*
Masa de vapor de agua de color blanco suspendida en el aire.
Cloud.
En el cielo hay una **nube**.

nudo. (nú-do) *sustantivo m.*
Lazo que se cierra y no se puede soltar fácilmente.
Knot.
El cordón de mi zapato tiene un **nudo**.

nuevo, (va). (nué-bo (ba)) *adjetivo.*
Se dice de las cosas recién fabricadas o hechas.
New.
Este es mi vestido **nuevo**.

nunca. (nún-ka) *adverbio.*
En ningún tiempo.
Never.
Nunca he ido a ese lugar.

Ññ

ñame. (ñá-me) *sustantivo m.*
Planta cuya raíz es parecida a la de la papa,
que cocida o asada, es comestible.
Edible root of the yam family.
En Suramérica se come **ñame.**

ñandú (ñan-dú) *sustantivo m.*
Avestruz de América. Tiene tres dedos en
cada pie y es de color gris.
Ñandú.
El **ñandú** vive en el bosque.

ñapa. (ñá-pa) *sustantivo f.*
Añadidura. Lo que se da además de lo que se
ha dado.
Tip, something extra. Ej. a baker's dozen.
Me dieron 5 cuadernos y un lápiz de **ñapa.**

o. (ó) *conjunción.*
Indica separación entre dos personas, cosas o
ideas.
Or.
Debe venir Juan **o** Antonio.

obedecer. (o-be-de-sér) *verbo.*
Cumplir la voluntad de alguien que manda.
To obey.
Debo **obedecer** al director.

obedeceré. (o-be-de-se-ré) *futuro verbo obedecer.*
Yo **obedeceré** al director.

obedecí. (o-be-de-sí) *pasado verbo obedecer.*
Yo **obedecí** al director.

obedezco. (o-be-dés-ko) *presente verbo obedecer.*
Yo **obedezco** al director.

objeto. (ob-jé-to) *sustantivo m.*
Todo lo que puede ser materia o cosa.
Object, thing.
Una mesa es un **objeto**.

obligar. (o-bli-gár) *verbo.*
Hacer que una persona haga una cosa.
To oblige, to compel.
Debo **obligar** a los niños a estudiar.

obligaré. (o-bli-ga-ré) *futuro verbo obligar.*
Yo **obligaré** al niño a estudiar.

obligué. (o-bli-gé) *pasado verbo obligar.*
Yo **obligué** al niño a estudiar.

obligo. (o-blí-go) *presente verbo obligar.*
Yo **obligo** al niño a estudiar.

obrero. (o-bré-ro) *sustantivo m.*
Albañil. Persona que hace una obra bajo la dirección de un arquitecto o ingeniero.
Construction worker, laborer.
El **obrero** construye la casa.

ocaso. (o-cá-so) *sustantivo m.*
Momento en que se pone el Sol en el horizonte.
Sunset.
Observa el **ocaso**.

ola. (ó-la) *sustantivo f.*
Onda que se forma en la superficie del agua.
Wave.
Las **olas** del mar son grandes.

oler. (o-lér) *verbo.*
Percibir los olores.
To smell.
Voy a **oler** el perfume.

oleré. (o-le-ré) *futuro verbo oler.*
Yo **oleré** el perfume.

olí. (o-li) *pasado verbo oler.*
Yo **olí** el perfume.

oliva. (o-li-ba) *sustantivo f.*
Fruto del olivo, redondo y pequeño, de color verde y carne agradable. Aceituna.
Olive.
Me gustan las **olivas**.

olla. (ó-lla) *sustantivo f.*
Vasija redonda de barro o metal de cuello ancho con dos asas, sirve para cocer la comida.
Pot.
La **olla** está encima de la estufa.

ordeñar. (or-de-ñár) *verbo.*
Extraer la leche de las vacas.
To milk.
Voy a **ordeñar** la vaca.

ordeñaré. (or-de-ña-ré) *futuro verbo ordeñar.*
Yo **ordeñaré** la vaca.

ordeñé. (or-de-ñé) *pasado verbo ordeñar.*
Yo **ordeñé** la vaca.

ordeño. (or-dé-ño) *1. presente verbo ordeñar.*
Yo **ordeño** la vaca.
2. sustantivo m.
Momento de ordeñar.
A las 6 es el **ordeño**.

oro. (ó-ro) *sustantivo m.*
Metal precioso de color amarillo con el que se hacen joyas.
Gold.
Este anillo es de **oro**.

orquesta. (or-qués-ta) *sustantivo f.*
Conjunto de músicos que tocan en los teatros y otros lugares.
Orchestra.
La **orquesta** tocó en el concierto.

oscuro, (ra). (os-kú-ro (ra)) *adjetivo.*
Que no tiene luz.
Dark.
El cuarto está **oscuro**.

oso. (ó-so) *sustantivo m.*
Animal carnívoro de un metro de estatura, de pelo pardo y abundante, cabeza grande y ojos pequeños.
Bear.
El **oso** vive en el bosque.

oveja. (o-bé-ja) *sustantivo f.*
Hembra del carnero.
Sheep.
La **oveja** da la lana.

ovillo. (o-ví-llo) *sustantivo m.*
Bola que se forma devanando hilo de lana o de algodón.
Ball of yarn.
El gato juego con un **ovillo** de lana.

Pp

pagar. (pa-gár) *verbo.*
Dar uno a otra persona lo que le debe.
To pay.
Voy a **pagar** lo que compré.

pagaré. (pa-ga-ré) *1. futuro verbo pagar.*
Yo **pagaré** lo que compré.
2. sustantivo m.
Papel negociable.
Promissory note, I.O.U.
Firme un **pagaré** por $100.

pago. (pá-go) *presente verbo pagar.*
Yo **pago** lo que compro.

pagué. (pá-gé) *pasado verbo pagar.*
Yo **pagué** lo que compré.

paisaje. (pai-sá-je) *sustantivo m.*
Formación de terreno. Dibujo o pintura de un terreno.
Landscape.
Este río y la montaña forman un bello **paisaje**.
Helena dibujó un **paisaje**.

paja. (pá-ja) *sustantivo f.*
Caña de trigo, cebada y otras plantas después de secar.
Straw.
Esta es una choza de **paja**.

paila. (pai-la) *sustantivo f.*
Vasija grande de metal redonda y poco profunda.
Large, shallow pan.
En la **paila** hay agua.

palacio. (pa-lá-sio) *sustantivo m.*
Casa grande y hermosa donde viven los reyes.
Palace, castle.
Este es el **palacio** del rey.

palma. (pál-ma) *sustantivo f.*
Planta de tallo recto y duro sin ramas, coronada por un penacho de hojas.
Palm.
En la playa hay una **palma**.

palo. (pá-lo) *sustantivo m.*
Trozo de madera largo y poco grueso.
Stick.
En el piso hay un **palo** atravesado.

paño. (pá-ño) *sustantivo m.*
Tela hecha de lana.
Woolen cloth.
Este vestido es de **paño**.

papagayo. (pa-pa-gá-yo) *sustantivo m.*
Pájaro parecido al loro, pero más grande y de plumas de diferentes colores muy brillantes.
Parrot.
El **papagayo** tiene muchos colores.

para. (pá-ra) *preposición.*
1. Indica el fin o término de una acción.
In order to.
Estudio **para** saber.
2. Hacia.
To.
Voy **para** México.
3. Determina el uso que se le puede dar a alguna cosa.
For.
Esto es bueno **para** hacer el vestido.
4. Indica la capacidad de alguien.
For.
El es bueno **para** Matemáticas.

parar. (pa-rár) *verbo.*
1. Detener un movimiento.
To stop.
Voy a **parar** el tráfico.
2. Estar de pie.
To stand.
Me voy a **parar** en la silla.

pararé. (pa-ra-ré) *futuro verbo parar.*
Yo **pararé** el tráfico.
Yo **pararé** al niño en el asiento.

paré. (pa-ré) *pasado verbo parar.*
Yo **paré** el tráfico.
Yo **paré** al niño en el asiento.

paro. (pá-ro) *presente verbo parar.*
Yo **paro** el tráfico.
Yo **paro** al niño en el asiento.

pastel. (pas-tél) *sustantivo m.*
Masa de harina en la que se envuelve crema, dulce o cualquier otra comida y se hornea.
Pie, cake.
Me gusta el **pastel** de manzana.

pedal. (pe-dál) *sustantivo m.*
Palanca que pone en movimiento un aparato, oprimiéndole con el pie. Pedal.
Treadle, pedal.
El **pedal** de la bicicleta está roto.

pedazo. (pe-dá-so) *sustantivo m.*
Parte de una cosa.
Piece.
Quiero un **pedazo** de pastel.

pedir. (pe-dír) *verbo.*
Demandar a alguien que haga o traiga algo.
To ask, to request, to order.
Voy a **pedir** un café.

pedí. (pe-dí) *pasado verbo pedir.*
Yo **pedí** un café.

pediré. (pe-di-ré) *futuro verbo pedir.*
Yo **pediré** un café.

peligro. (pe-lí-gro) *sustantivo m.*
Riesgo de que suceda algo mal.
Danger.
Es un **peligro** jugar con fuego.

peor. (pe-ór) *adjetivo.*
Más mal.
Worse.
Este trabajo está **peor** que el de ayer.

pero. (pé-ro) *conjunción.*
Partícula usada para contraponer un concepto a otro.
But.
Ana estaba cansada, **pero** continuó.

persona. (per-só-na) *sustantivo f.*
Hombre o mujer.
Person.
Hay una **persona** en el jardín.

pescar. (pes-kár) *verbo.*
Sacar del agua los peces.
To fish.
Me gusta **pescar** en el mar.

pescaré. (pes-ka-ré) *futuro verbo pescar.*
Yo **pescaré** en el mar.

pesco. (pés-ko) *presente verbo pescar.*
Yo **pesco** en el mar.

pesqué. (pes-ké) *pasado verbo pescar.*
Yo **pesqué** en el mar.

petróleo. (pe-tró-leo) *sustantivo m.*
Líquido grasoso que se encuentra en el interior de la tierra y del que se extrae la gasolina.
Petroleum, oil.
El **petróleo** es muy útil.

pez. (pés) *sustantivo m.*
Animal que vive en el agua cubierto de escamas y con unas aletas para nadar.
Fish.
El **pez** vive en el agua.

pido. (pí-do) *presente verbo pedir.*
Yo **pido** un café.

pintar. (pin-tár) *verbo.*
Cubrir con color. Representar un objeto con un lápiz sobre el papel.
To draw, to paint.
Voy a **pintar** la pared de rojo.
Voy a **pintar** un conejo.

pintaré. (pin-ta-ré) *futuro verbo pintar.*
Yo **pintaré** la pared de rojo.
Yo **pintaré** un conejo.

pinté. (pin-té) *pasado verbo pintar.*
Yo **pinté** la pared de rojo.
Yo **pinté** un conejo.

pinto. (pín-to) *presente verbo pintar.*
Yo **pinto** la pared de rojo.
Yo **pinto** un conejo.

piscina. (pis-sí-na) *sustantivo f.*
Estanque que se llena de agua y donde se pueden bañar las personas.
Swimming pool.
Me baño en la **piscina.**

pizarra. (pi-sá-rra) *sustantivo f.*
Piedra muy lisa y negra que sirve para pintar o escribir en ella con tiza. Tablero.
Blackboard.
Me gusta escribir en la **pizarra.**

plancha. (plán-cha) *sustantivo f.*
Objeto de hierro de forma triangular, liso y muy pesado que tiene una asa por donde se toma para planchar.
Iron.
La **plancha** está caliente.

playa. (plá-ya) *sustantivo f.*
Orilla del mar formada de arena.
Beach.
En la **playa** está el barco.

plaza. (plá-sa) *sustantivo f.*
Lugar amplio dentro de un pueblo donde venden el mercado y celebran fiestas públicas.
Square.
La gente está en la **plaza**.

pluma. (plú-ma) *sustantivo f.*
De lo que está cubierto el cuerpo de las aves.
Feather.
El loro tiene **plumas** verdes.

poder. (po-dér) *verbo.*
Tener facilidad de hacer algo.
To be able to.
Voy a **poder** ir mañana.

podré. (po-dré) *futuro verbo poder.*
Yo **podré** ir a tu casa mañana.

poncho. (pón-cho) *sustantivo m.*
Ruana. Capa sin mangas que se asegura en el cuello y cae a lo largo del cuerpo.
Poncho, cloak.
El niño usa un **poncho**.

poner. (po-nér) *verbo.*
Colocar en un lugar una persona o cosa.
To put, to place.
Voy a **poner** el asiento junto a la mesa.

pondré. (pon-dré) *futuro verbo poner.*
Yo **pondré** el asiento junto a la mesa.

pongo. (pón-go) *presente verbo poner.*
Yo **pongo** el asiento junto a la mesa.

poquito (ta). (po-kí-to (ta)) *adjetivo.*
Se dice de las cosas que no son suficientes.
Very little.
Este paño está **poquito** para hacer el vestido.

por. (pór) *preposición.*
1. Indica tiempo.
During.
Vengo **por** la mañana.
2. Indica lugar.
Through.
Paso **por** Colombia.
3. Indica persona.
By.
Esto es pintado **por** los niños.

posible. (po-sí-ble) *adjetivo.*
Que se puede hacer. Que puede ser.
Possible.
Es **posible** que venga mañana.

prado. (prá-do) *sustantivo m.*
Sitio que se siembra con pasto.

Lawn, field.
Voy a pasear por el **prado**.

pude. (pú-de) *pasado verbo poder.*
Yo **pude** tocar piano.

pueblo. (pué-blo) *sustantivo m.*
Ciudad pequeña.
Town.
Voy al **pueblo**.

puedo. (pué-do) *presente verbo poder.*
Yo **puedo** tocar piano.

puente. (puén-te) *sustantivo m.*
Construcción de piedra, cemento, ladrillo,
etc. que se hace sobre los ríos para poder
pasarlos.
Bridge.
El tren pasa por el **puente**.

puerto. (puér-to) *sustantivo m.*
Lugar en la costa donde llegan y salen los
barcos.
Port, harbor, haven.
El barco está anclado en el **puerto**.

Qq

que. (ké) *1. pronombre relativo.*
Se refiere a cosas.
That, which.
Este es el libro **que** me gusta.
2. conjunción.
Enlaza un verbo con otro.
Quiero **que** estudies.
3. pronombre interrogativo.
To.
Pregunta por cosas.
What.
¿**Qué** es ésto?

quebrada. (ke-bra-da) *sustantivo f.*
Arroyo o riachuelo.
Stream.
Me baño en la **quebrada**.

quebrar. (ke-brár) *verbo.*
Romper con mucha fuerza.
To crush, to break.
Voy a **quebrar** este vaso.

quebraré. (ke-bra-ré) *futuro verbo quebrar.*
Yo **quebraré** este vaso.

quebré. (ke-bré) *pasado verbo quebrar.*
Yo **quebré** este vaso.

quedar. (ke-dár) *verbo.*
Detenerse. Permanecer en un lugar.
To stay, to remain.
Me voy a **quedar** aquí.

quedaré. (ke-da-ré) *futuro verbo quedar.*
Yo me **quedaré** en este lugar.

quedé. (ke-dé) *pasado verbo quedar.*
Yo me **quedé** en este lugar.

quedo. (ké-do) *presente verbo quedar.*
Yo me **quedo** en este lugar.

quemar. (ke-már) *verbo.*
Consumir con fuego.
To burn.
Voy a **quemar** estos papeles.

quemaré. (ke-ma-ré) *futuro verbo quemar.*
Yo **quemaré** estos papeles.

quemo. (ké-mo) *presente verbo quemar.*
Yo **quemo** estos papeles.

quepo. (ké-po) *presente verbo caber.*
Yo no **quepo** en este asiento.

querer. (ke-rér) *verbo.*
Amar. Desear tener alguna cosa.
To love, to desire, to want, to wish.
Debo **querer** a mis amigos.
Voy a **querer** esos libros.

querré. (ke-rré) *futuro verbo querer.*
Yo **querré** a mis amigos.
Yo **querré** todos esos libros.

quetzal. (ket-sál) *sustantivo m.*
Ave tropical de bellos colores. Verde brillante
por encima y rojo en el pecho y el abdomen.
Moneda de Guatemala.
Quetzal.
¡Qué lindo es el **quetzal**!
Este libro vale un **quetzal.**

quiebro. (kié-bro) *presente verbo quebrar.*
Yo **quiebro** este vaso.

quiero. (kié-ro) *presente verbo querer.*
Yo **quiero** a mis amigos.

quien. (kién) 1. *pronombre.*
Se refiere a personas. Equivale a la persona
que ejecuta la acción.
Who.
El fue **quien** trajo los libros.
2. *pronombre interrogativo.*
Pregunta por personas.
Who.
¿**Quién** es ese señor?

quise. (kí-se) *pasado verbo querer.*
Yo **quise** mucho a esos niños.
Yo **quise** esos libros.

quitar. (ki-tár) *verbo.*
Separar una cosa del sitio donde estaba.
Tomar algo ajeno.
To take off, to remove.
Debo **quitar** esas cosas de allí.
Ese ladrón me va a **quitar** mis joyas.

quitaré. (ki-ta-ré) *futuro verbo quitar.*
Yo **quitaré** a esa señora las joyas.

quité. (ki-té) *pasado verbo quitar.*
Yo **quité** esas cosas de allí.
Yo **quité** a esa señora las joyas.

quito. (kí-to) 1. *presente verbo quitar.*
Yo **quito** esas cosas de allí.
Yo **quito** a esa señora las joyas.
2. *sustantivo.*
Capital del Ecuador.
Voy a **Quito.**

quizá. (ki-sá) *adverbio.*
Indica la posibilidad de que algo suceda o no
suceda.
Maybe, perhaps.
Quizá llueva mañana.

Rr

rábano. (rrá-ba-no) *sustantivo m.*
Planta cuyo fruto es comestible. Rojo por fuera, blanco carnoso y picante por dentro.
Raddish.
El **rábano** se come en la ensalada.

raíz. (rra-ís) *sustantivo f.*
Parte de las plantas que va dentro de la tierra.
Root.
La planta tiene una **raíz** muy grande.

rápido. (rrá-pi-do) *adverbio.*
Con velocidad. Pronto.
Quick, fast.
El niño corre **rápido.**

raro, (ra). (rra-ro (ra)) *adjetivo.*
Que no es común. Poco frecuente.
Strange, rare.
El hipopótamo es un animal **raro.**

rayar. (rra-yár) *verbo.*
Tachar con rayas.
To draw lines, to scratch.
Voy a **rayar** mi cuaderno.

rayaré. (rra-ya-ré) *futuro verbo rayar.*
Yo **rayaré** mi cuaderno.

rayé. (rra-yé) *pasado verbo rayar.*
Yo **rayé** mi cuaderno.

rayo. (rrá-yo) 1. *presente verbo rayar.*
Yo **rayo** mi cuaderno.
2. *sustantivo m.*
Línea de luz que viene del Sol.
Ray.
Entra un **rayo** de Sol por la ventana.

recámara. (rre-cá-ma-ra) *sustantivo f.*
Cuarto. Habitación.
Bed-room.
Mi cama está en la **recámara**.

recibir. (rre-si-bir) *verbo.*
Tomar lo que alguien le da a uno.
To receive.
Voy a **recibir** una carta.

recibí. (rre-si-bí) *pasado verbo recibir.*
Yo **recibí** una carta.

recibiré. (rre-si-bi-ré) *futuro verbo recibir.*
Yo **recibiré** una carta.

recibo. (rre-sí-bo) 1. *presente verbo recibir.*
Yo **recibo** una carta.
2. papel escrito en el que se declara haber recibido algo.
Receipt.
Este es el **recibo** de la lavandería.

recordar. (rre-kor-dár) *verbo.*
Traer a la memoria una cosa.
To remember.
Voy a **recordar** cómo era mi abuelo.

recordaré. (rre-kor-da-ré) *futuro verbo recordar.*
Yo **recordaré** a mi abuelo.

recordé. (rre-kor-dé) *pasado verbo recordar.*
Yo **recordé** a mi abuelo.

recuerdo. (rre-kuér-do) 1. *presente verbo recordar.*
Yo **recuerdo** a mi abuelo.
2. *sustantivo m.*
Memoria que se hace de una cosa.
Memory.
Tengo un buen **recuerdo** de él.

red. (rréd) *sustantivo f.*
Tejido de hilos, cuerdas y alambres trabados en forma de malla y que sirve para pescar.
Net.
Los pescadores tiran la **red** al mar.

refresco. (rre-frés-ko) *sustantivo m.*
Bebida dulce y fría.
Cold beverage.
Tengo sed, voy a tomar un **refresco**.

redondel. (rre-don-dél) *sustantivo m.*
Circunferencia. Círculo.
Circle.
Vamos a dibujar un **redondel**.

regalar. (rre-ga-lár) *verbo.*
Dar a otra persona algo porque es el cumpleaños o por cariño.
To give a present.
Te voy a **regalar** un juguete.

regalaré. (rre-ga-la-ré) *futuro verbo regalar.*
Yo **regalaré** un juguete.

regalé. (rre-ga-lé) *pasado verbo regalar.*
Yo **regalé** un juguete.

regalo. (rre-gá-lo) *1. presente verbo regalar.*
Yo **regalo** un juguete.
2. sustantivo m.
Objeto que se regala.
Present, gift.
Tengo un **regalo** para tí.

regar. (rre-gár) *verbo.*
Echar o esparcir agua a las plantas.
To water, to spray.
Voy a **regar** el jardín.

regaré. (rre-ga-ré) *futuro verbo regar.*
Yo **regaré** el jardín.

regué. (rre-gé) *pasado verbo regar.*
Yo **regué** el jardín.

regla. (rré-gla) *sustantivo f.*
Instrumento de madera u otro material duro, que sirve para trazar líneas.
Ruler, rule.
Necesito un lápiz y una **regla.**

regresar. (rre-gre-sár) *verbo.*
Volver al lugar donde se estaba.
To return.
Voy a **regresar** a mi país.

regresaré. (rre-gre-sa-ré) *futuro verbo regresar.*
Yo **regresaré** a mi país.

regresé. (rre-gre-sé) *pasado verbo regresar.*
Yo **regresé** a mi país.

regreso. (rre-gré-so) *presente verbo regresar.*
Yo **regreso** a mi país.

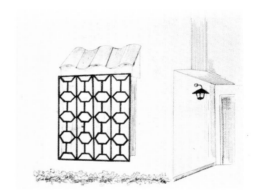

reja. (rré-ja) *sustantivo f.*
Conjunto de barrotes de hierro.
Grill, grating, railing.
Esta ventana tiene **rejas.**

relámpago. (rre-lám-pa-go) *sustantivo m.*
Luz fuerte que se produce en las nubes cuando caen truenos.
Lightning.
Está lloviendo con truenos y **relámpagos.**

reloj. (rre-lój) *sustantivo m.*
Máquina que sirve para medir el tiempo.
Clock, watch.
El **reloj** da las horas.

res. (rrés) *sustantivo f.*
Cualquier animal del ganado vacuno.
Head of cattle.
Hay una **res** en el corral.

responder. (rres-pon-dér) *verbo.*
Contestar a lo que se pregunta.
To answer.
Debes **responder** cuando te llaman.

responderé. (rres-pon-de-ré) *futuro verbo responder.*
Yo **responderé** cuando me llamen.

respondí. (rres-pon-dí) *pasado verbo responder.*
Yo **respondí** cuando me llamaron.

respondo. (rres-pón-do) *presente verbo responder.*
Yo **respondo** cuando me llaman.

restar. (rres-tár) *verbo.*
En aritmética es la operación de encontrar la diferencia entre dos cantidades.
To subtract.
Voy a **restar** 10 - 5.

restaré. (rres-ta-ré) *futuro verbo restar.*
Yo **restaré** 10 - 5.

resté. (rres-té) *pasado verbo restar.*
Yo **resté** 10 - 5.

resto. (rrés-to) *presente verbo restar.*
Yo **resto** 10 - 5.

retrato. (rre-trá-to) *sustantivo m.*
Pintura o fotografía que representa a una persona o cosa.
Portrait, picture.
Este es el **retrato** de mi papá.

riel. (rriél) *sustantivo m.*
Barra de metal que forma el carril por donde pasa el tren.
Rail.
El tren pasa por el **riel**.

río. (rrío) *sustantivo m.*
Corriente de agua que va a desembocar al mar.
River.
Vamos a nadar al **río**.

roca. (rró-ka) *sustantivo f.*
Piedra muy dura, sólida y grande.
Rock.
Hay una **roca** en el camino.

ropa. (rró-pa) *sustantivo f.*
El conjunto de prendas de vestir de la gente.
Clothes.
Toda mi **ropa** es nueva.

ruta. (rrú-ta) *sustantivo f.*
Camino que se debe tomar para llegar a un determinado lugar.
Route, way.
Esta es la **ruta** para llegar a Texas.

Ss

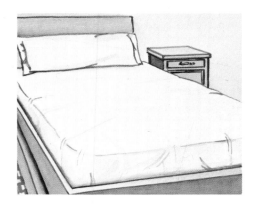

sábana. (sá-ba-na) *sustantivo f.*
Cada una de las piezas de tela que se usa para cubrir la cama.
Sheet.
Las **sábanas** son blancas.

saber. (sa-bér) *verbo.*
Conocer una cosa.
To know.
Debo **saber** el número de tu teléfono.

sabré. (sa-bré) *futuro verbo saber.*
Yo **sabré** el número de tu teléfono.

salir. (sa-lír) *verbo.*
Pasar de la parte de adentro a la de afuera
To go out.
Voy a **salir** a la calle.

salí. (sa-lí) *pasado verbo salir.*
Yo **salí** a la calle.

saldré. (sal-dré) *futuro verbo salir.*
Yo **saldré** a la calle.

salgo. (sál-go) *presente verbo salir.*
Yo **salgo** a la calle.

sarape. (sa-rá-pe) *sustantivo m.*
Poncho de varios colores que usan los mexicanos.
Sarape, Mexican shawl.
El charro usa un **sarape.**

sartén. (sar-tén) *sustantivo f.*
Vasija de hierro redonda y plana de mango largo donde se fríe carne y otras comidas.
Frying pan.
La carne se fríe en la **sartén.**

sé. (sé) *presente verbo saber.*
Yo **sé** el número de tu teléfono.

sed. (séd) *sustantivo f.*
Necesidad de beber algo.
Thirst.
Voy a tomar agua, tengo **sed**.

seguir. (se-guír) *verbo.*
Ir detrás de otra persona. Continuar lo que se ha empezado.
To follow, to continue.
Voy a **seguir** ese carro.
Voy a **seguir** con mi tarea.

seguí. (se-gi) *pasado verbo seguir.*
Yo **seguí** ese carro.
Yo **seguí** con mi tarea.

seguiré. (sé-gi-ré) *futuro verbo seguir.*
Yo **seguiré** ese carro.
Yo **seguiré** con mi tarea.

selva. (sel-ba) *sustantivo f.*
Terreno muy grande lleno de plantas y árboles, poblado de animales salvajes.
Jungle.
Vamos de cacería a la **selva**.

sembrar. (sem-brár) *verbo.*
Poner las semillas dentro de la tierra para que las plantas salgan.
To sow, to seed.
Voy a **sembrar** esta semilla.

sembraré. (sem-bra-ré) *futuro verbo sembrar.*
Yo **sembraré** esta semilla.

sembré. (sem-bré) *pasado verbo sembrar.*
Yo **sembré** una semilla.

semilla. (se-mi-lla) *sustantivo f.*
Granos que los frutos tienen por dentro y es la parte de las plantas que se siembra.
Seed.
La **semilla** se siembra en la tierra.

sencillo, (lla). (sen-sí-llo (lla)). *adjetivo.*
Que no tiene adornos.
Simple.
Este vestido es **sencillo**.

ser. (sér) *verbo.*
Existir, pertenecer.
To be.
Voy a **ser** médico.
Este jardín debe **ser** del colegio.

seré. (se-ré) *futuro verbo ser.*
Yo **seré** médico.

serenata. (se-re-na-ta) *sustantivo f.*
Música que se toca en la noche y al aire libre para festejar a una persona.
Serenade.
Anoche oí una **serenata**.

serpiente. (ser-pién-te) *sustantivo f.*
Culebra grande.
Snake.
La **serpiente** tiene bonitos colores.

sí. (sí) *adverbio.*
Se usa cuando se responde afirmativamente
a una pregunta.
Yes.
¿Tienes hambre?
Sí, tengo hambre.

siembro. (siém-bro) *presente verbo sembrar.*
Yo **siembro** esta semilla.

siempre. (siém-pre) *adverbio.*
En cualquier tiempo. En todo tiempo.
Always.
Siempre voy a nadar en verano.

siesta. (siés-ta) *sustantivo f.*
Tiempo que se duerme después de la comida
del mediodía.
Nap.
Voy a dormir una **siesta**.

sigo. (sí-go) *presente verbo seguir.*
Yo **sigo** ese carro.
Yo **sigo** con mi tarea.

sin. (sín) *preposición.*
Indica que falta alguna cosa.
Without.
Esta chaqueta está **sin** botones.

sino. (sí-no) *conjunción.*
Indica la unión de dos cosas contrarias.
But, besides.
Este no lo hizo Pedro **sino** Juan.

sobre. (só-bre) 1. *preposición.*
Encima de.
On, over.
El libro está **sobre** la mesa.
2. *sustantivo m.*
Envoltura de papel donde se ponen las
cartas.
Envelope.
La carta está dentro del **sobre**.

solo, (la). (só-lo (la)) 1. *adjetivo.*
Que no tiene compañía.
Unico.
Alone.
El está **solo** en la casa.
2. *adverbio.*
Solamente, únicamente.
Just, only.
Sólo tengo un cuaderno.

soltar. (sol-tár) *verbo.*
Dejar libre, desatar.
To let go, to free.
Voy a **soltar** el pájaro de la jaula.
Voy a **soltar** este nudo.

soltaré. (sol-ta-ré) *futuro verbo soltar.*
Yo **soltaré** el pájaro de la jaula.
Yo **soltaré** este nudo.

solté. (sol-té) *pasado verbo soltar.*
Yo **solté** el pájaro de la jaula.
Yo **solté** el nudo.

sombra. (sóm-bra) *sustantivo f.*
Obscuridad que se produce cuando un objeto
se pone en frente de un foco de luz.
Shadow.
Esta es mi **sombra**.

sombrero. (som-bré-ro) *sustantivo m.*
Prenda de vestir que se usa en la cabeza.
Hat, cap.
Yo uso un **sombrero** verde.

sonar. (so-nár) *verbo.*
Hacer ruido con alguna cosa.
To sound, to ring.
Oigo **sonar** la campana.

sonaré. (so-na-ré) *futuro verbo sonar.*
Yo **sonaré** la campana.

soné. (so-né) *pasado verbo sonar.*
Yo **soné** la campana.

soñar. (so-ñár) *verbo.*
Lo que imaginamos mientras dormimos.
To dream.
Me voy a dormir y a **soñar**.

soñaré. (so-ña-ré) *futuro verbo soñar.*
Yo **soñaré** contigo.

soñé. (so-ñé) *pasado verbo soñar.*
Yo **soñé** contigo.

soy. (sói) *presente verbo ser.*
Yo **soy** médico.
Yo **soy** americano.

suave. (su-á-be) *adjetivo.*
Liso y blando.
Soft.
El pelo del gato es **suave**.

subir. (su-bír) *verbo.*
Pasar de un sitio bajo a uno más alto.
To go up, to climb, to rise.
Voy a **subir** a ese edificio.

subiré. (su-bi-ré) *futuro verbo subir.*
Yo **subiré** a ese edificio.

subí. (su-bí) *pasado verbo subir.*
Yo **subí** a ese edificio.

subo. (sú-bo) *presente verbo subir.*
Yo **subo** a ese edificio.

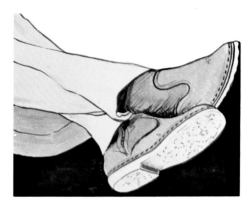

suela. (sué-la) *sustantivo f.*
Parte de abajo del zapato.
Sole.
Tengo un zapato con la **suela** rota.

sueldo. (suél-do) *sustantivo m.*
Lo que se paga a una persona por su trabajo.
Salary, wages.
Me pagan $100 de **sueldo.**

suelto. (suél-do) *presente verbo soltar.*
Yo **suelto** el pájaro de la jaula.
Yo **suelto** este nudo.

sueno. (sué-no) *presente verbo sonar.*
Yo **sueno** la campana.

sueño. (sué-ño) *1. presente verbo soñar.*
Yo **sueño** contigo.
2. sustantivo m.
Deseo de dormir.
To be sleepy.
Tengo **sueño.**

supe. (sú-pe) *pasado verbo saber.*
Yo **supe** el número de tu teléfono.

susto. (sús-to) *sustantivo m.*
Miedo, pavor.
Scare, a fright.
¡El fantasma me dio un **susto!**

T t

tabaco. (ta-bá-ko) *sustantivo m.*
Hoja de la planta del tabaco preparada para fabricar cigarrillos.
Tobacco.
Mi papá fuma **tabaco**.

tabla. (tá-bla) *sustantivo f.*
Pieza de madera plana más larga que ancha.
Board.
Haga una casa con **tablas**.

tablero. (ta-blé-ro) *sustantivo m.*
1. Tabla con cuadritos de colores alternados que sirve para jugar ajedrez o damas.
2. Pizarra
Tabla de madera que se utiliza en las escuelas para explicar las lecciones.
Board.
Chess or checker board.
Las fichas del ajedrez están sobre el **tablero**.
La maestra escribe en el **tablero**.

tajar. (ta-jár) *verbo.*
Partir una cosa con un cuchillo en tajadas.
To slice.
Voy a **tajar** el pan.

tajaré. (ta-ja-ré) *futuro verbo tajar.*
Yo **tajaré** el pan.

tajé. (ta-jé) *pasado verbo tajar.*
Yo **tajé** el pan.

tajo. (tá-jo) *presente verbo tajar.*
Yo **tajo** el pan.

taller. (ta-yér) *sustantivo m.*
Lugar en que se trabaja una obra de manos.
Workshop.
Mi auto está en el **taller**.

tan. (tán) *adverbio.*
Da idea de igualdad.
As...as..
Tan duro como el hierro.

tanto. (tán-to) *adjetivo.*
1. Se aplica a una cantidad o número indeterminado.
As much as.
Yo no tengo **tanto** dinero.
2. Mucho.
Much.
No le pongas **tanto** azúcar al café.

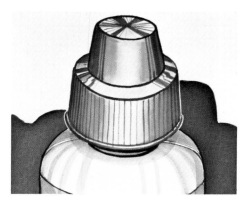

tapa. (tá-pa) *sustantivo f.*
La pieza que se pone encima de las cajas, vasos o frascos, para proteger lo que hay por dentro.
Lid, cover.
El frasco tiene una **tapa** azul.

tarde. (tár-de) *sustantivo f.*
Tiempo que hay desde el mediodía hasta el anochecer.
Afternoon.
Estudio por la **tarde**.

tarea. (ta-ré-a) *sustantivo f.*
Trabajo que debe hacerse en determinado tiempo.
Task, homework.
Debo hacer la **tarea** de matemáticas.

taza. (tá-sa) *sustantivo f.*
Vasija pequeña de loza con una asa, que se usa para tomar líquidos.
Cup.
Quiero una **taza** de café.

techo. (té-cho) *sustantivo m.*
Parte de arriba de las casas.
Lo que las cubre.
Roof.
El **techo** de la casa es rojo.

teja. (té-ja) *sustantivo f.*
Cada una de las piezas de barro cocido en forma de canal con que se hace el techo.
Roof-tile.
El techo es de **teja** de barro.

tejer. (te-jér) *verbo.*
Entrelazar hilos en el telar o con agujas para formar una prenda de vestir.
To weave, to knit.
Voy a **tejer** un saco.

tejeré. (te-je-ré) *futuro verbo tejer.*
Yo **tejeré** un saco.

tejí. (te-jí) *pasado verbo tejer.*
Yo **tejí** un saco.

tejo. (té-jo) *1. presente verbo tejer.*
Yo **tejo** un saco.
2. sustantivo m.
Juego popular latinoamericano, que consiste en hacer estallar un poco de pólvora al lanzarle un disco.
Popular game in Latin America.
Esos hombres juegan **tejo**.

tela. (té-la) *sustantivo f.*
Lo que se hace en el telar, entretejiendo hilos que forman como una lámina.
Fabric.
Tengo una **tela** para hacer un vestido.

tempestad. (tem-pes-tád) *sustantivo f.*
Lluvia muy fuerte con mucha agua, granizo, truenos y relámpagos.
Storm.
Ayer hubo una **tempestad** en la ciudad.

temprano. (tem-prá-no) *adverbio.*
En las primeras horas del día.
Early.
Me levanto muy **temprano**.

tener. (te-nér) *verbo.*
1. Poseer algo.
To have.
Voy a **tener** un auto amarillo.
2. Sujetar algo.
To hold.
Ayúdame a **tener** esto fuertemente.

tendré. (ten-dré) *futuro verbo tener.*
Yo **tendré** un auto amarillo.
Yo **tendré** ésto fuertemente.

tía. (tí-a) *sustantivo f.*
Hermana del papá o de la mamá.
Aunt.
Salgo a pasear con mi **tía**.

títere. (tí-te-re) *sustantivo m.*
Figura de pasta, vestida y adornada que se mueve introduciendo la mano en su interior.
Puppet.
Me gusta jugar con los **títeres**.

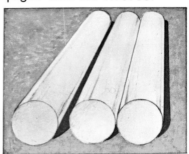

tiza. (tí-sa) *sustantivo f.*
Barra de arcilla que se usa para escribir en la pizarra.
Chalk.
Escribo con la **tiza** en la pizarra.

todavía. (to-da-bía) *adverbio.*
Hasta un momento determinado desde un tiempo anterior.
Still.
El niño está durmiendo **todavía**.

tomar. (to-már) *verbo.*
1. Comer o beber.
To eat, to drink.
Voy a **tomar** el desayuno.
2. Coger o asir con la mano.
To take.
Voy a **tomar** esas flores del jardín.

tomaré. (to-ma-ré) *futuro verbo tomar.*
Yo **tomaré** el desayuno.
Yo **tomaré** las flores del jardín.

tomé. (to-mé) *pasado verbo tomar.*
Yo **tomé** el desayuno.
Yo **tomé** las flores del jardín.

tomo. (tó-mo) *presente verbo tomar.*
Yo **tomo** el desayuno.
Yo **tomo** las flores del jardín.

torear. (to-re-ár) *verbo.*
Lidiar los toros en la plaza.
Bullfighting.
Veo **torear** al torero.

torearé. (to-re-a-ré) *futuro verbo torear.*
Yo **torearé** en la plaza.

toreé. (to-re-é) *pasado verbo torear.*
Yo **toreé** en la plaza.

toreo. (to-réo) *1. presente verbo torear.*
Yo **toreo** en la plaza.
2. sustantivo m.
Arte de torear.
Bullfight.
Me gusta el **toreo**.

torre. (tó-rre) *sustantivo f.*
Edificación muy alta.

Tower.
Veo un bonito paisaje desde la **torre**.

torta. (tór-ta) *sustantivo f.*
Masa de harina de figura redonda, que se cuece en el horno.
Cake.
Tengo mi **torta** de cumpleaños.

trabajar. (tra-ba-jár) *verbo.*
Ocuparse de un oficio.
To work.
Mi papá va a **trabajar** en la oficina.

trabajaré. (tra-ba-ja-ré) *futuro verbo trabajar.*
Yo **trabajaré** en la oficina.

trabajé. (tra-ba-jé) *pasado verbo trabajar.*
Yo **trabajé** en la oficina.

trabajo. (tra-bá-jo) *1. presente verbo trabajar.*
Yo **trabajo** en la oficina.
2. sustantivo m.
Job, work.
Oficio que uno realiza.
Debo realizar mi **trabajo**.

traer. (tra-ér) *verbo.*
Trasladar una cosa hacia el lugar donde uno está.
To bring.
Voy a **traer** mi cuaderno.

traeré. (tra-e-ré) *futuro verbo traer.*
Yo **traeré** mi cuaderno.

traigo. (trái-go) *presente verbo traer.*
Yo **traigo** mi cuaderno.

traje. (trá-je) *1. pasado verbo traer.*
Yo **traje** mi cuaderno.
2. sustantivo m.
Vestido de una persona.
Suit, dress.
Tengo un **traje** muy bonito.

tronco. (trón-ko) *sustantivo m.*
Tallo fuerte de los árboles.
Log, tree trunk.
El **tronco** del árbol es grueso.

tubo. (tú-bo) *sustantivo m.*
Pieza en forma de cilindro, abierta por los
dos lados.
Tube.
El **tubo** del agua se rompió.

tuna. (tú-na) *sustantivo f.*
Fruto de los cactus, de color verde y espinoso
por fuera y de pulpa roja.
Indian fig, cactus fruit.
La **tuna** es deliciosa.

tuve. (tú-be) *pasado verbo tener.*
Yo **tuve** un auto amarillo.
Yo **tuve** eso fuertemente.

Uu

u. (ú) *conjunción*.

Se usa en cambio de o para evitar la repetición de esta letra cuando se necesita usarla antes de una palabra que comience por o.

¿Qué es esto? ¿Vaca **ú** oveja?

último. (úl-ti-mo) *adjetivo*.

Se dice de las cosas que están en línea y no tienen otras detrás.

Last.

Pedrito es el **último** de la fila.

ungüento. (un-güén-to) *sustantivo m*.

Medicina en forma de crema que sirve para untar.

Ointment, cream.

El médico me dio un **ungüento**.

único, (ca). (ú-ni-ko (ka)) *adjetivo*.

Solo, sin otro que lo acompañe.

Unique, single, only.

Mauricio es el hijo **único** de esa familia.

uniforme. (u-ni-fór-me) *adjetivo*.

Se dice de las cosas que tienen la misma forma, igual, o semejante.

Uniform.

Esa pared tiene el color **uniforme**.

unión. (u-nión) *sustantivo f*.

Sitio donde se juntan o unen dos cosas.

Union, junction, joint.

Esta es la **unión** de esas hojas.

unir. (u-nír) *verbo*.

Juntar dos o más cosas.

To join.

Voy a **unir** estos ladrillos.

uniré. (u-ni-ré) *futuro verbo unir*.

Mañana **uniré** estos ladrillos.

uní. (u-ní) *pasado verbo unir*.

Ayer **uní** estos ladrillos.

universidad. (u-ni-ber-si-dád) *sustantivo f.*
Instituto donde se puede estudiar medicina, arquitectura y todas las carreras.
University.
Cuando salga del colegio voy a estudiar medicina en la **universidad.**

uno. (ú-no) *1. presente verbo unir.*
Yo **uno** estos ladrillos.
2. sustantivo m.
El primer número.
One.
Este es el número **uno.**

untar. (un-tár) *verbo.*
Aplicar sobre una cosa otra, como aceite.
To spread, to apply, to smear.
Voy a **untar** la mantequilla en el pan.

untaré. (un-ta-ré) *futuro verbo untar.*
Yo **untaré** la mantequilla en el pan.

unté. (un-té) *pasado verbo untar.*
Yo **unté** la mantequilla en el pan.

unto. (ún-to) *presente verbo untar.*
Yo **unto** la mantequilla en el pan.

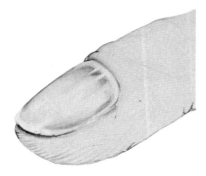

uña. (ú-ña) *sustantivo f.*
Parte dura que nace en las puntas de los dedos.
Nail.
Me voy a recortar las **uñas.**

urna. (úr-na) *sustantivo f.*
Caja de metal muy segura donde se guarda dinero y cosas valiosas.
Urn.
Tengo las joyas en la **urna.**

urgente. (ur-gén-te) *adverbio.*
De manera rápida y precisa.
Urgent.
Es **urgente** que vayas a la farmacia.

urraca. (u-rrá-ca) *sustantivo f.*
Pájaro de color negro que repite palabras y trozos de música.
Magpie.
Tengo una **urraca** en la jaula.

usar. (u-sár) *verbo.*
Hacer servir una cosa para algo.
To use.
Voy a **usar** este zapato como martillo.

usaré. (u-sa-ré) *futuro verbo usar.*
Yo **usaré** este zapato como martillo.

uso. (ú-so) *presente verbo usar.*
Yo **uso** este zapato como martillo.

utensilio. (u-ten-sí-lio) *sustantivo m.*
Instrumento o herramienta que se usa para hacer algún oficio.
Tool, utensil.
Tengo los **utensilios** de la cocina guardados.

útil. (ú-til) *adjetivo.*
Que sirve. Que se puede aprovechar.
Useful.
Este papel es **útil.**

uva. (ú-va) *sustantivo f.*
Fruto pequeño de la vid, verde o morado, dulce y muy jugoso.
Grape.
Las **uvas** son muy ricas.

vagón. (ba-gón) *sustantivo m.*
Carro del tren donde van los pasajeros, mercancías y equipajes.
Wagon.
El tren tiene un **vagón** para viajeros.

vajilla. (ba-jí-lla) *sustantivo f.*
Conjunto de platos, vasos, tazas, fuentes y demás objetos que se usan para el servicio de la mesa.
China.
La **vajilla** está en la cocina.

valiente. (ba-lién-te) *adjetivo.*
Se dice de la persona que es fuerte y valerosa.
Courageous, brave.
Ese hombre es **valiente.**

valle. (bá-lle) *sustantivo m.*
Porción de tierra plana entre montes.
Valley.
En el **valle** hay muchos árboles.

vapor. (ba-pór) *sustantivo m.*
Gas que se desprende cuando el agua hierve.
Steam.
Sale **vapor** de esa olla.

varón. (ba-rón) *sustantivo m.*
Hombre.
Male.
El bebé que nació es un **varón.**

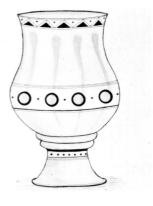

vasija. (ba-sí-ja) *sustantivo f.*
Cualquier objeto en que se pueda contener un líquido como tazas, vasos, etc.
Vessel, container.
Una taza es una **vasija.**

vecino. (be-sí-no) *sustantivo m.*
Persona que vive cerca de la casa de nosotros.
Neighbor.
Los niños juegan con el **vecino**.

vela. (bé-la) *sustantivo f.*
1. Tela que se amarra al mástil de un barco para que el viento lo haga mover.
Sail.
Viajo en un barco de **vela**.
2. Barra que se hace de cera con un hilo por dentro que se enciende para dar luz.
Candle.
En la mesa hay una **vela** encendida.

velocidad. (be-lo-si-dád) *sustantivo f.*
Rapidez en el movimiento.
Speed, velocity.
El carro va a gran **velocidad**.

vender. (ben-der) *verbo.*
Dar a otro una cosa por dinero.
To sell.
Voy a **vender** mi carro.

venderé. (ben-de-ré) *futuro verbo vender.*
Yo **venderé** mi carro.

vendí. (ben-dí) *pasado verbo vender.*
Yo **vendí** mi carro.

vendo. (bén-do) *presente verbo vender.*
Yo **vendo** mi carro.

ver. (bér) *verbo.*
Percibir con los ojos.
To see.
Voy a **ver** esa película.

veo. (bé-o) *presente verbo ver.*
Yo **veo** esa película.

verano. (be-rá-no) *sustantivo m.*
Epoca de más calor en el año.
Summer.
En el **verano** voy al mar.

veré. (be-ré) *futuro verbo ver.*
Yo **veré** esa película.

vereda. (be-ré-da) *sustantivo f.*
Camino angosto que se forma con el paso de la gente.
Path.
Voy caminando por la **vereda**.

vestido. (bes-tí-do) *sustantivo m.*
Traje. Lo que la gente se pone en el cuerpo.
Dress.
Me pongo mi **vestido** verde.

vi. (bí) *pasado verbo ver.*
Yo **vi** esa película.

vía. (bí-a) *sustantivo f.*
Cualquier camino por donde se puede andar.
Way.
Los carros van por la **vía**.

viaje. (biá-je) *sustantivo m.*
Recorrido de una parte a otra.
Trip.
Voy de **viaje** a Panamá.

viento. (bién-to) *sustantivo m.*
Aire en movimiento.
Wind.
Cierra la ventana, entra mucho **viento**.

vino. (bí-no) 1. *pasado verbo venir.*
El **vino** ayer.
2. *sustantivo m.*
Bebida que se hace del jugo de las uvas.
Wine.
Tomamos **vino** con la comida.

visita. (bi-sí-ta) *sustantivo f.*
Ir a casa de otra persona para estar con ella.
Visit.
Voy a tu casa de **visita**.

vivir. (bi-bír) *verbo.*
Tener vida. Habitar algún lugar.
To live.
El enfermo va a **vivir**.
Voy a **vivir** en esa casa.

viví. (bi-bí) *pasado verbo vivir.*
Yo **viví** en esa casa.

viviré. (bi-bi-ré) *futuro verbo vivir.*
Yo **viviré** en esa casa.

vivo. (bí-bo) *presente verbo vivir.*
Yo **vivo** en esa casa.

volcán. (bol-cán) *sustantivo m.*
Abertura en una montaña por donde salen humo, fuego y materias derretidas.
Volcano.
Mira el **volcán** de Paracutín.

vuelta. (buél-ta) *sustantivo f.*
Movimiento de una cosa alrededor de sí misma o de otra cosa.
Turn.
El cohete da una **vuelta** alrededor de la luna.

Ww

w.c. *sustantivo m.*
Letras que indican el lugar del baño o sanitario.
Bathroom, toilet.
El **W.C.** está ocupado.

Washington. (wá-shing-ton) *sustantivo.*
Ciudad capital de los Estados Unidos de Norte América.
Washington.
El presidente vive en **Washington**.
Apellido del primer presidente de Estados Unidos.
El primer presidente fue George **Washington**.

xilografía. (si-lo-gra-fía) *sustantivo f.*
Arte de grabar la madera.
Xylography, woodcarving.
Aprendo **xilografía**.

xilófono. (si-ló-fo-no) *sustantivo m.*
Instrumento musical de barras de madera de
diferentes tamaños que se hace sonar con
unos martillos también de madera, marimba.
Xylophone.
Yo toco el **xilófono**.

Yy

y. (i) *conjunción.*
Se usa cuando se quiere unir palabras en sentido afirmativo.
And.
Pedro **y** Juan van a la escuela.

ya. (yá) *adverbio.*
Indica un tiempo pasado.
Already.
Ya vi esa película.

yegua. (yé-gua) *sustantivo f.*
Hembra del caballo.
Mare.
Tengo una **yegua** negra.

yema. (yé-ma) *sustantivo f.*
Parte central del huevo, de color amarillo.
Yolk.
Me gusta la **yema** del huevo.

yeso. (yé-so) *sustantivo m.*
Polvo de cal de color blanco que al mezclarse con agua se vuelve una pasta y sirve para hacer escultura.
Plaster.
Me gusta hacer figuras con **yeso**.

yuca. (yú-ka) *sustantivo f.*
Planta de América tropical cuya raíz es comestible.
Yucca. A non poisonous variety of manioc, cassava.
La **yuca** es un alimento.

yunta. (yún-ta) *sustantivo f.*
Dos bueyes o mulas unidos que se usan en la labor del campo.
Yoke.
La **yunta** de bueyes está trabajando.

Zz

zafar. (sa-fár) *verbo.*
Quitar lo que estorba.
To loosen, to untie.
Voy a **zafar** esta cuerda.

zafaré. (sa-fa-ré) *futuro verbo zafar.*
Yo **zafaré** esta cuerda.

zafé. (sa-fé) *pasado verbo zafar.*
Yo **zafé** esa cuerda.

zafo. (sá-fo) *presente verbo zafar.*
Yo **zafo** esta cuerda.

zancudo. (san-kú-do) *sustantivo m.*
Especie de mosquito de patas muy largas.
Mosquito.
Me picó un **zancudo**.

zanja. (sán-ja) *sustantivo f.*
Hueco largo y angosto que se hace en la tierra para conducir el agua a algún sitio.
Ditch.
Los obreros hicieron una **zanja**.

zona. (só-na) *sustantivo f.*
Extensión grande de tierra.
Zone.
Vamos a sembrar árboles en esta **zona**.

zamarro. (sa-má-rro) *sustantivo m.*
Prenda de vestir hecha en cuero que se usa para montar a caballo.
Chaps.
Los vaqueros usan **zamarros**.

zorro. (só-rro) *sustantivo m.*
Animal carnívoro parecido al perro que se come las gallinas.
Fox.
El **zorro** se comió las gallinas.

zurdo, (da). (súr-do (da)) *adjetivo.*
Se dice de las personas que usan la mano izquierda para escribir y comer.
Left-handed.
Ese niño es **zurdo.**

zuro. (sú-ro) *sustantivo m.*
Se le dice así a las palomas silvestres.
Pigeon, dove.
Los **zuros** comen maíz.

Apéndice

VERBOS REGULARES

1. Verbos primera conjugación. Terminación **ar**
Ejemplos: **Acabar.**

Presente	**Pasado**	**Futuro**
Yo acab**o**	Yo acab**é**	Yo acab**aré**
Tú acab**as**	Tú acab**aste**	Tú acab**arás**
Usted acab**a**	Usted acab**ó**	Usted acab**ará**
El acab**a**	El acab**ó**	El acab**ará**
Ella acab**a**	Ella acab**ó**	Ella acab**ará**
Nosotros acab**amos**	Nosotros acab**amos**	Nosotros acab**aremos**
Vosotros acab**áis**	Vosotros acab**asteis**	Vosotros acab**aréis**
Ustedes acab**an**	Ustedes acab**aron**	Ustedes acab**arán**
Ellos acab**an**	Ellos acab**aron**	Ellos acab**arán**
Ellas acab**an**	Ellas acab**aron**	Ellas acab**arán**

Como este verbo se conjugan los siguientes:

1. acelerar	30. golpear	59. narrar
2. acompañar	31. gritar	60. obligar
3. acostar	32. guardar	61. orar
4. ahorrar	33. gustar	62. ordeñar
5. alargar	34. hablar	63. pagar
6. apagar	35. iluminar	64. parar
7. bajar	36. inaugurar	65. pescar
8. buscar	37. inflar	66. pintar
9. cabalgar	38. instalar	67. quebrar
10. calzar	39. inventar	68. quedar
11. chorrear	40. juntar	69. quemar
12. colgar	41. jurar	70. quitar
13. dibujar	42. labrar	71. rayar
14. doblar	43. ladrar	72. recordar
15. durar	44. lanzar	73. regalar
16. echar	45. lavar	74. regar
17. ejecutar	46. levantar	75. regresar
18. empapar	47. llamar	76. restar
19. empujar	48. llegar	77. sonar
20. encantar	49. llenar	78. soltar
21. encerrar	50. llevar	79. soñar
22. enojar	51. llorar	80. tajar
23. escalar	52. madrugar	81. tomar
24. escapar	53. mandar	82. torear
25. escuchar	54. mirar	83. trabajar
26. esperar	55. mojar	84. untar
27. formar	56. montar	85. usar
28. gastar	57. mostrar	86. zafar
29. girar	58. nadar	

2. Verbos segunda conjugación. Terminación **er**
Ejemplo: **Beber**

Presente	Pasado	Futuro
Yo beb**o**	Yo beb**í**	Yo beber**é**
Tú beb**es**	Tú beb**iste**	Tú beber**ás**
Usted bebe	Usted beb**ió**	Usted beber**á**
El beb**e**	El beb**ió**	El beber**á**
Ella bebe	Ella beb**ió**	Ella beber**á**
Nosotros beb**emos**	Nosotros beb**imos**	Nosotros beber**emos**
Vosotros beb**éis**	Vosotros beb**isteis**	Vosotros beber**éis**
Ustedes beb**en**	Ustedes beb**ieron**	Ustedes beber**án**
Ellos beb**en**	Ellos beb**ieron**	Ellos beber**án**
Ellas beb**en**	Ellas beb**ieron**	Ellas beber**án**

Como este verbo se conjugan los siguientes:

1. coser	8. obedecer
2. entender	9. oler
3. escoger	10. responder
4. leer	11. tejer
5. mecer	12. vender
6. meter	13. ver
7. mover	

3. Verbos tercera conjugación. Terminación **ir**
Ejemplo: **Dividir**

Presente	Pasado	Futuro
Yo divid**o**	Yo divid**í**	Yo dividir**é**
Tú divid**es**	Tú divid**iste**	Tú dividir**ás**
Usted divid**e**	Usted divid**ió**	Usted dividir**á**
El divid**e**	El divid**ió**	El dividir**á**
Ella divid**e**	Ella divid**ió**	Ella dividir**á**
Nosotros divid**imos**	Nosotros divid**imos**	Nosotros dividir**emos**
Vosotros divid**ís**	Vosotros divid**isteis**	Vosotros dividir**éis**
Ustedes divid**en**	Ustedes divid**ieron**	Ustedes dividir**án**
Ellos divid**en**	Ellos divid**ieron**	Ellos dividir**án**
Ellas divid**en**	Ellas divid**ieron**	Ellas dividir**án**

Como este verbo se conjugan los siguientes:

1. derretir	8. salir
2. divertir	9. seguir
3. fingir	10. subir
4. hervir	11. unir
5. hundir	12. vivir
6. medir	
7. recibir	

Verbos Irregulares

1. andar	4. decir	7. hacer	10. ir	13. poder	16. ser
2. caber	5. estar	8. huir	11. pedir	14. querer	17. tener
3. dar	6. freír	9. imponer	12. poner	15. saber	18. traer

VERBOS IRREGULARES

ANDAR

Presente	Pasado	Futuro
Yo ando	Yo anduve	Yo andaré
Tú andas	Tú anduviste	Tú andarás
Usted anda	Usted anduvo	El andará
El anda	El anduvo	Usted andará
Ella anda	Ella anduvo	Ella andará
Nosotros andamos	Nosotros anduvimos	Nosotros andaremos
Vosotros andáis	Vosotros anduvisteis	Vosotros andaréis
Ustedes andan	Ustedes anduvieron	Ustedes andarán
Ellos andan	Ellos anduvieron	Ellos andarán
Ellas andan	Ellas anduvieron	Ellas andarán

CABER

Presente	Pasado	Futuro
Yo quepo	Yo cupe	Yo cabré
Tú cabes	Tú cupiste	Tú cabrás
Usted cabe	Usted cupo	Usted cabrá
El cabe	El cupo	El cabrá
Ella cabe	Ella cupo	Ella cabrá
Nosotros cabemos	Nosotros cupimos	Nosotros cabremos
Vosotros cabéis	Vosotros cupisteis	Vosotros cabréis
Ustedes caben	Ustedes cupieron	Ustedes cabrán
Ellos caben	Ellos cupieron	Ellos cabrán
Ellas caben	Ellas cupieron	Ellas cabrán

DAR

Presente	Pasado	Futuro
Yo doy	Yo di	Yo daré
Tú das	Tú diste	Tú darás
Usted da	Usted dio	Usted dará
El da	El dio	El dará
Ella da	Ella dio	Ella dará
Nosotros damos	Nosotros dimos	Nosotros daremos
Vosotros dáis	Vosotros disteis	Vosotros daréis
Ustedes dan	Ustedes dieron	Ustedes darán
Ellos dan	Ellos dieron	Ellos darán
Ellas dan	Ellas dieron	Ellas darán

DECIR

Presente	Pasado	Futuro
Yo digo	Yo dije	Yo diré
Tú dices	Tú dijiste	Tú dirás
Usted dice	Usted dijo	Usted dirá
El dice	El dijo	El dirá
Ella dice	Ella dijo	Ella dirá

Nosotros decimos	Nosotros dijimos	Nosotros diremos
Vosotros decís	Vosotros dijisteis	Vosotros diréis
Ustedes dicen	Ustedes dijeron	Ustedes dirán
Ellos dicen	Ellos dijeron	Ellos dirán
Ellas dicen	Ellas dijeron	Ellas dirán

ESTAR

Presente	**Pasado**	**Futuro**
Yo estoy	Yo estuve	Yo estaré
Tú estás	Tú estuviste	Tú estarás
Usted está	Usted estuvo	Usted estará
El está	El estuvo	El estará
Ella está	Ella estuvo	Ella estará
Nosotros estamos	Nosotros estuvimos	Nosotros estaremos
Vosotros estáis	Vosotros estuvisteis	Vosotros estaréis
Ustedes están	Ustedes estuvieron	Ustedes estarán
Ellos están	Ellos estuvieron	Ellos estarán
Ellas están	Ellas estuvieron	Ellas estarán

FREIR

Presente	**Pasado**	**Futuro**
Yo frío	Yo freí	Yo freiré
Tú fríes	Tú freíste	Tú freirás
Usted fríe	Usted frió	Usted freirá
El fríe	El frió	El freirá
Ella fríe	Ella frió	Ella freirá
Nosotros freímos	Nosotros freímos	Nosotros freiremos
Vosotros freís	Vosotros freísteis	Vosotros freiréis
Ustedes fríen	Ustedes frieron	Ustedes freirán
Ellos fríen	Ellos frieron	Ellos freirán
Ellas fríen	Ellas frieron	Ellas freirán

HACER

Presente	**Pasado**	**Futuro**
Yo hago	Yo hice	Yo haré
Tú haces	Tú hiciste	Tú harás
Usted hace	Usted hizo	Usted hará
El hace	El hizo	El hará
Ella hace	Ella hizo	Ella hará
Nosotros hacemos	Nosotros hicimos	Nosotros haremos
Vosotros hacéis	Vosotros hicisteis	Vosotros haréis
Ustedes hacen	Ustedes hicieron	Ustedes harán
Ellos hacen	Ellos hicieron	Ellos harán
Ellas hacen	Ellas hicieron	Ellas harán

HUIR

Presente	**Pasado**	**Futuro**
Yo huyo	Yo huí	Yo huiré
Tú huyes	Tú huíste	Tú huirás

Usted huye	Usted huyó	Usted huirá
El huye	El huyó	El huirá
Ella huye	Ella huyó	Ella huirá
Nosotros huimos	Nosotros huimos	Nosotros huiremos
Vosotros huís	Vosotros huisteis	Vosotros huiréis
Ustedes huyen	Ustedes huyeron	Ustedes huirán
Ellos huyen	Ellos huyeron	Ellos huirán
Ellas huyen	Ellas huyeron	Ellas huirán

IMPONER

Presente	**Pasado**	**Futuro**
Yo impongo	Yo impuse	Yo impondré
Tú impones	Tú impusiste	Tú impondrás
Usted impone	Usted impuso	Usted impondrá
El impone	El impuso	El impondrá
Ella impone	Ella impuso	Ella impondrá
Nosotros imponemos	Nosotros impusimos	Nosotros impondremos
Vosotros imponéis	Vosotros impusisteis	Vosotros impondréis
Ustedes imponen	Ustedes impusieron	Ustedes impondrán
Ellos imponen	Ellos impusieron	Ellos impondrán
Ellas imponen	Ellas impusieron	Ellas impondrán

IR

Presente	**Pasado**	**Futuro**
Yo voy	Yo fui	Yo iré
Tú vas	Tú fuiste	Tú irás
Usted va	Usted fue	Usted irá
El va	El fue	El irá
Ella va	Ella fue	Ella irá
Nosotros vamos	Nosotros fuimos	Nosotros iremos
Vosotros váis	Vosotros fuisteis	Vosotros iréis
Ustedes van	Ustedes fueron	Ustedes irán
Ellos van	Ellos fueron	Ellos irán
Ellas van	Ellas fueron	Ellas irán

PEDIR

Presente	**Pasado**	**Futuro**
Yo pido	Yo pedí	Yo pediré
Tú pides	Tú pediste	Tú pedirás
Usted pide	Usted pidió	Usted pedirá
El pide	El pidió	El pedirá
Ella pide	Ella pidió	Ella pedirá
Nosotros pedimos	Nosotros pedimos	Nosotros pediremos
Vosotros pedís	Vosotros pedisteis	Vosotros pediréis
Ustedes piden	Ustedes pidieron	Ustedes pedirán
Ellos piden	Ellos pidieron	Ellos pedirán
Ellas piden	Ellas pidieron	Ellas pedirán

PONER

Presente	Pasado	Futuro
Yo pongo	Yo puse	Yo pondré
Tú pones	Tú pusiste	Tú pondrás
Usted pone	Usted puso	Usted pondrá
El pone	El puso	El pondrá
Ella pone	Ella puso	Ella pondrá
Nosotros ponemos	Nosotros pusimos	Nosotros pondremos
Vosotros ponéis	Vosotros pusisteis	Vosotros pondréis
Ustedes ponen	Ustedes pusieron	Ustedes pondrán
Ellos ponen	Ellos pusieron	Ellos pondrán
Ellas ponen	Ellas pusieron	Ellas pondrán

PODER

Presente	Pasado	Futuro
Yo puedo	Yo pude	Yo podré
Tú puedes	Tú pudiste	Tú podrás
Usted puede	Usted pudo	Usted podrá
El puede	El pudo	El podrá
Ella puede	Ella pudo	Ella podrá
Nosotros podemos	Nosotros pudimos	Nosotros podremos
Vosotros podéis	Vosotros pudisteis	Vosotros podréis
Ustedes pueden	Ustedes pudieron	Ustedes podrán
Ellos pueden	Ellos pudieron	Ellos podrán
Ellas pueden	Ellas pudieron	Ellas podrán

QUERER

Presente	Pasado	Futuro
Yo quiero	Yo quise	Yo querré
Tú quieres	Tú quisiste	Tú querrás
Usted quiere	Usted quiso	Usted querrá
El quiere	El quiso	El querrá
Ella quiere	Ella quiso	Ella querrá
Nosotros queremos	Nosotros quisimos	Nosotros querremos
Vosotros queréis	Vostros quisisteis	Vosotros querréis
Ustedes quieren	Ustedes quisieron	Ustedes querrán
Ellos quieren	Ellos quisieron	Ellos querrán
Ellas quieren	Ellas quisieron	Ellas querrán

SABER

Presente	Pasado	Futuro
Yo sé	Yo supe	Yo sabré
Tú sabes	Tú supiste	Tú sabrás
Usted sabe	Usted supo	Usted sabrá
El sabe	El supo	El sabrá
Ella sabe	Ella supo	Ella sabrá
Nosotros sabemos	Nosotros supimos	Nosotros sabremos
Vosotros sabéis	Vosotros supisteis	Vosotros sabréis

Ustedes saben
Ellos saben
Ellas saben

Ustedes supieron
Ellos supieron
Ellas supieron

Ustedes sabrán
Ellos sabrán
Ellas sabrán

SER

Presente

Yo soy
Tú eres
Usted es
El es
Ella es
Nosotros somos
Vosotros sois
Ustedes son
Ellos son
Ellas son

Pasado

Yo era (fui)
Tú eras (fuiste)
Usted era (fue)
El era (fue)
Ella era (fue)
Nosotros éramos (fuimos)
Vosotros érais (fuisteis)
Ustedes eran (fueron)
Ellos eran (fueron)
Ellas eran (fueron)

Futuro

Yo seré
Tú serás
El será
Usted será
Ella será
Nosotros seremos
Vosotros seréis
Ustedes serán
Ellos serán
Ellas serán

TRAER

Presente

Yo traigo
Tú traes
Usted trae
El trae
Ella trae
Nosotros traemos
Vosotros traéis
Ustedes traen
Ellos traen
Ellas traen

Pasado

Yo traje
Tú trajiste
Usted trajo
El trajo
Ella trajo
Nosotros trajimos
Vosotros trajisteis
Ustedes trajeron
Ellos trajeron
Ellas trajeron

Futuro

Yo traeré
Tú traerás
Usted traerá
El traerá
Ella traerá
Nosotros traeremos
Vosotros traeréis
Ustedes traerán
Ellos traerán
Ellas traerán

TENER

Presente

Yo tengo
Tú tienes
Usted tiene
El tiene
Ella tiene
Nosotros tenemos
Vosotros tenéis
Ustedes tienen
Ellos tienen
Ellas tienen

Pasado

Yo tuve
Tú tuviste
Usted tuvo
El tuvo
Ella tuvo
Nosotros tuvimos
Vosotros tuvisteis
Ustedes tuvieron
Ellos tuvieron
Ellas tuvieron

Futuro

Yo tendré
Tú tendrás
Usted tendrá
El tendrá
Ella tendrá
Nosotros tendremos
Vosotros tendréis
Ustedes tendrán
Ellos tendrán
Ellas tendrán